JN012238

読んで書く 歎《たん》異《に》抄《しょう》 一日一文練習帖

前編

齋藤 孝

自由国民社

はじめに

今から約７００年ほど前の宗教書である『歎異抄』が、現代の人々に読み続けられ、今も人気があるのはなぜでしょうか。

親鸞が生きた時代は、戦乱の世の中で、病気や飢餓、大地震などの厄災が多い時代でした。

そのような時代の中で生きる人々は、少しでも安心して生きる道を求めていました。そうした中で説かれた親鸞の教えは、「念仏さえ唱えていれば、誰でも極楽浄土で往生して悟りをひらくことができる」という「他力」によるものでした。

ここ数年、世間では「自分軸で生きよう」という生き方の提案が多くなりました。自分軸とは、「自分はこうありたいという考えのもと行動すること」です。

その考え方自体は素晴らしいことですが、世の中には自分の力や思いだけではどうにもならないこともあります。

「他力」とは、これまで「人まかせ」「運まかせ」といった、やや無責任なことだと思われがちでしたが、これは自分の力ではどうにもならない、力の足りない自分から離れて、もっと大きなものにまかせている、という心の在り方です。

ある意味、客観的な見方によって、自分ではない別の大きな力にまかせるようにすると、心の重荷がとれる思いがします。

『歎異抄』で伝えている他力の教えは、決して投げやりで他人まかせではなく、自分の力ではどうにもならない状況で、しなやかに生きる心のあり方を説いています。

現代の人たちを惹きつける『歎異抄』を読む意味は、まさにそこにあると思うのです。

本書は『歎異抄』前半の原文の全文と、その訳、そして『歎異抄』の内容をより理解して生かすためのアドバイスをつけています。

さらには、実際に自分で、声に出して読むこと（音読）、書き写すこと（なぞり書き）などで、言葉が身と心に沁み込んでいきます。ぜひ『歎異抄』の教えが、みなさんの生活に役立つことを願っています。

表記については本願寺出版社文庫版『歎異抄』を主として参考にさせて頂きました。ありがとうございました。

2024年4月

齋藤　孝

読んで書く 歎異抄 一日一文練習帖［前編］目次

（参考）読んで書く 歎異抄 一日一文練習帖［後編］目次

この本の使い方

『歎異抄』で、「音読」＆「なぞり書き」をしましょう

いま、最も注目される古典『歎異抄』。多くの人に読まれ続けて、人気が絶えることはありません。『歎異抄』は親鸞の語った言葉を、のちに弟子の唯円が書きとめたものです。

その教えは、念仏を唱えさえすれば、誰でもが極楽浄土に住生してさとりを開くことを約束されるというものです。国際的な政情不安、進む温暖化や格差に加えて、少子高齢化などさまざまな問題が起きている状況では、とくにメンタル面が重要となってきます。個人的にも、底知れない不安や絶望を感じる時もあるでしょう。その苦しみを煩悩の身のままで、乗り越えていく手掛かりが、『歎異抄』にあるともいわれています。

世の中には、自分の力だけではどうにもできないことがあります。自分を離れた客観的な見方や自分ではない別の力にまかせることで、心の重荷がとれ、生きる気力をわかせてくれます。『歎異抄』には、そんな教えを説いた素晴らしい言葉がたくさん盛り込まれています。

それらを「音読」（声に出して読む）、「なぞり書き」（書き写す）することで、心に深く刻まれていきます。生きていく上で、一つの大きな拠りどころになるのではないでしょうか。

声に出し、言葉のリズムを身体で覚える

「声に出して＝読む」ことで、『歎異抄』の「一文」、「一文」を自分のものとして、しっかりと心に刻み込むことができます。声に出すことで、口を動かし、息を出し、音を耳で聞くことになります。身体を使うことで、その言葉がしっかり身につくのです。

脳を刺激して認知機能の低下予防に役立つ効果も期待できます。声に出して何回か読む、言葉の持つリズムを身体で覚えることで、より脳を活性化させ、思考が明快になります。

身体に言葉を刻むには、まず、声に出して読むことです。

※音読しやすいよう、たとえば「まつたく」は、「まったく」のように現代表記としています。

声に出して〈読む〉

言葉のリズムを身体で覚える

音読

声に出して読みましょう！

ひそかに愚案《ぐあん》を回《めぐ》らして、ほぼ古今《ここん》を勘《かんが》ふるに、先師《せんし》の口伝《くでん》の真信《しんしん》に異《こと》なることを歎《なげ》き、後《こう》学相続《がくそうぞく》の疑惑《ぎわく》あることを思《おも》ふに、幸《さいわ》ひに有縁《うえん》の知識《ちしき》によらずは、いかでか易行《いぎょう》の一門《いちもん》に入《い》ることを得《え》んや。

※【易行の一門】阿弥陀仏の力（＝

丁寧に心を込めて書き写す

「なぞる＝書き写す」ことでも、『歎異抄』の「一文」、「一文」が心と身体にしっかり刻まれます。書き写すことに、難しい作法などありません。ラクな姿勢で座り、筆記具も書きやすいものを使ってください。筆ペンでもボールペンでも構いません。

まず3行のまん中のうすい文字をなぞって書き、次に右の行を書きます。

大切なのは、「一文字」、「一文字」、「一文」、「一文」を、丁寧に心を込めて書き写すことです。集中して無心で書き写すことで、雑念や不安が消え、心が静かになり、自然に「希望」や「やる気」が湧いてきます。上手に書こうとか、早く書き終えようなどとは考えないことです。

なぞり〈書き〉
心を込めて書き写す

1 なぞって書きましょう

2 空白に書きましょう

なぞる

書いて心に刻みましょう！

ひそかに愚案を回らして、ほぼ古今を勘ふるに

ひそかに愚案を回らして、ほぼ古今を勘ふるに

マイ「一文」をつくる

本を読んでいたり、テレビを観ていたりしていて、感動したり、心打たれる言葉に出会うことはありませんか。「これだ」という言葉を見つけたら、手帳やノートに書き写すのがいいでしょう。そうして、「声に出して＝読む」、「なぞる＝書き写す」ことを行うことで、言葉を自分の心にしっかり刻み込むことができます。自分なりのマイ「一文」をつくりましょう。

歎異抄　前編

序

異なることを嘆く

（ひそかに愚案を回らして）

親鸞聖人の教えが誤って伝えられているのが
嘆かわしいので、正しい教えをここに記す

音読

声に出して読みましょう！

ひそかに愚案《ぐあん》を回《めぐ》らして、ほぼ古今《ここん》を勘《かんが》ふるに、先師《せんし》の口伝《くでん》の真信《しんしん》に異《こと》なることを歎《なげ》き、後《こう》学《がく》相続《そうぞく》の疑惑《ぎわく》あることを思《おも》ふに、幸《さいわい》ひに有縁《うえん》の知識《ちしき》によらずは、いかでか易行《いぎょう》の一門《いちもん》に入《い》ることを得《え》んや。

訳

私（唯円）なりに、つたない思案をして、親鸞聖人がご存命のときと今日を比べてみますと、この頃は、聖人からお聞きした真実の信心とは違った説がとかれていて、嘆かわしいことです。このようなことでは聖人の教えを受け継いでいく人々に、疑いや戸惑いが生じてしまうのでは、と案じられます。もし私たちが、真実の教えを示してくださる善き師に出会う縁がなかったら、どうして念仏して救われるという易行の門に入ることができるでしょうか。

まったく自見《じけん》の覚悟《かくご》をもって、他力《たりき》の宗旨《しゅうし》を乱《みだ》ることなかれ。

※【易行の一門】阿弥陀仏の力（＝願い）によって悟りを開く道。念仏を唱えることで救われ、誰でもが簡単に行うことができる。

※【自見の覚悟】自己の考えを持って、教えを解釈すること。自分勝手な理解。

訳

決して、自分本位に理解して、阿弥陀仏によって救っていただく、という他力の教えを乱してはいけません

よって、故親鸞聖人《こしんらんしょうにん》の御物語《おんものがたり》の趣《おもむき》、耳《みみ》の底《そこ》に留《とど》むるところ、いささかこれを注《しる》す。

訳

そこで、いまは亡き親鸞聖人からお聞かせいただいた言葉のうち、いまもなお私の耳の底に留まっている（刻みつけられている）ものを、少しばかり書き記すことにします。

ひとへ《え》に同心行者《どうしんぎょうじゃ》の不審《ふしん》を散《さん》ぜんがためなりと云々《うんぬん》。

訳

これはただ、同じ念仏の道を歩む人々が抱く疑問を失くしたいからなのです。

※【他力】阿弥陀仏の力に頼って、浄土に生まれ、救われること。「自力」に対する言葉。

※【同心行者】同じ念仏の道（＝易行の一門）を志す者。

ワンポイントアドバイス

親鸞を師と仰いだ弟子の唯円の心と身体に残ったもの

「歎異」とは、「異なっていることを嘆く」という意味です。「先師・親鸞から直に口伝で教えていただいたことが、きちんと伝わっていないようだ。それが嘆かわしいので、『親鸞聖人の本当の教え』を伝えるために書き記します」というのが、序の趣旨です。

親鸞聖人がいろんな機会に語った言葉を聞き書きしたのが『歎異抄』です。その多くは80歳代のことといわれています。『歎異抄』はともに歩む人たちに向けて、信心にまつわる疑いや迷いを払うために、親鸞の弟子・唯円が記したものです。

弟子の唯円が何度も先師・親鸞の話を聞いて、その声、その言葉が、耳の底に留まっており、それを皆にお伝えしようとするものです。

お弟子さんの耳に留まった師の言葉は、彼らの心と身体を通して濾過され、最終的に選び抜かれたエッセンスだけが残っていきます。

『歎異抄』は、親鸞を師と仰いだ唯円の心と身体に残ったものが凝縮され、結晶となったものです。

親鸞の考え方、思想は一貫性のある徹底したもので、後世に生きて伝え継がれてきたのです。

なぞる

書いて心に刻みましょう！

ひそかに愚案を回らして、ほぼ古今を勘ふるに、
ひそかに愚案を回らして、ほぼ古今を勘ふるに、

先師の口伝の真信に異なることを歎き、後学相続
先師の口伝の真信に異なることを歎き、後学相続

の疑惑あることを思ふに、幸ひに有縁の知識に
の疑惑あることを思ふに、幸ひに有縁の知識に

よらずは、いかでか易行の一門に入ることを得ん
よらずは、いかでか易行の一門に入ることを得ん
や。まつたく自見の覚悟をもつて、他力の宗旨を
や。まつたく自見の覚悟をもつて、他力の宗旨を
乱ることなかれ。よつて、故親鸞聖人の御物語の
乱ることなかれ。よつて、故親鸞聖人の御物語の
趣、耳の底に留むるところ、いささかこれを注す。
趣、耳の底に留むるところ、いささかこれを注す。

ひとへに同心行者の不審を散ぜんがためなりと
ひとへに同心行者の不審を散ぜんがためなりと
云々。
云々。

第一条

信じて念仏すれば、必ず救われる

（弥陀の誓願不思議に）

阿弥陀仏の誓願の不思議な働きによって、この世に生きるものがすべて救われる

音読

声に出して読みましょう！

一　弥《み》陀《だ》の誓願《せいがん》不思議《ふしぎ》にたすけられまゐ《い》らせて、往生《おうじょう》をばとぐるなりと信《しん》じて念仏《ねんぶつ》申《もう》さんとおもひ《い》たつこころのおこるとき、すなはち《わ》摂取不捨《せっしゅふしゃ》の利益《りやく》にあづ《ず》けしめたまふ《う》なり。

訳

あらゆる命あるものを救うという阿弥陀仏の誓願の不思議な働きに助けられて、必ず浄土に往生する（＝生まれる）ことができると信じて、念仏を唱えようという心が起こるとき、阿弥陀如来はただちに私たちをおさめとり、決して見捨てはしないという恵みに預からせてくださるのです。

弥《み》陀《だ》の本願《ほんがん》には、老少《ろうしょう》・善悪《ぜんあく》のひとをえらばれず、ただ信心《しんじん》を要《よう》とすとしるべし。

訳

この阿弥陀如来の衆生救済の願いは、老いも若きも、善人も悪人もわけへだてしません。ひたすら、阿弥陀仏の救いを信じることが肝心であると心得なければなりません。

※【弥陀の誓願】阿弥陀仏（弥陀）がわれわれを救うために誓われた願い。

※【往生】この世を去ったのち、仏の世界に生まれ変わること。単に死ぬことをいう場合もある。

※【摂取不捨】生きとし生けるもの、すべてのものを見捨てないということ。

※【弥陀の本願】阿弥陀仏が菩薩のときに立てた四十八の誓願のうち、人々の救済を願った誓願をとくに「本願」という。

そのゆゑ《え》は、罪悪深重《ざいあくじんじゅう》・煩悩熾盛《ぼんのうしじょう》の衆生《しゅじょう》をたすけんがための願《がん》にまします。

訳

なぜならば、罪深く、さまざまな煩悩をかかえて生きる私たちのような衆生を、もらさず救おうとして起こされた願いだからです。

しかれば、本願《ほんがん》を信《しん》ぜんには、他《た》の善《ぜん》も要《よう》にあらず、念仏《ねんぶつ》にまさるべき善《ぜん》なきゆゑ《え》に。

訳

ですから、阿弥陀仏の本願を信じる人は、念仏以外に、どんな善いおこないもする必要はありません。念仏よりすぐれた善はほかにないからです。

悪《あく》をもおそるべからず、弥《み》陀《だ》の本願《ほんがん》をさまたぐるほどの悪《あく》なきゆゑ《え》にと云々《うんぬん》。

訳

また、これまでに犯した悪を、これから犯すであろう悪を、恐れることはありません。阿弥陀仏の本願を妨げるほどの悪はないからです。このように親鸞聖人は仰せになりました。

※【煩悩】人の心身をわずらわし、悩ませる一切の心の働き。

※【衆生】人間をはじめとして、生命あるすべてのもの

ワンポイントアドバイス

「南無阿弥陀仏」と唱えた瞬間に、浄土に往生させていただける

「誓願」とは、生きとし生きるものを救いたいと、誓われた願いのことで、「本願」とも言います。この不思議な働きに助けられて、この世に生けるもの全てが救われるのです。本願を信じるためには、念仏以外のどんな善行も必要ありません。念仏以外の善はないのです。

なぜ念仏だけで良いのか？　これが親鸞の教えの核心とも言えるところで、必ず浄土に往生できると信じて、「南無阿弥陀仏」と唱えた瞬間に、阿弥陀仏は私たちをただちに救いとって決して離さない、というご利益があり、浄土に往生させていただけるからです。

親鸞は信仰にあたって、善行という外面的な行為よりも心の持ち方、人間の内面を非常に重視しているのです。

本気で念仏を唱えようと思う、その瞬間があれば、来世は仏になって、浄土に生まれることが約束されている。一生の間、心安らかに過せる。これを聞いた当時の人たちとっては、大変な救いだったのではないかと思うのです。

また、「悪いことが起きたとしても、恐れることはない。なぜなら、阿弥陀仏の本願を妨げるような悪はないのだから」と、説きます。阿弥陀仏の本願は、オールマイティなのですね。

現代に生きる私たちは、阿弥陀仏の本願が全能と言われても、「そんなものがあるのだろうか」という疑問が生じてきます。でも、阿弥陀仏の本願とは、一つの「思い」であり、人の心が欲する「安心」「救い」への願いでもあるのです。

宗教的な感情というものを、心を含めた身体ごと理解していくと、ふっと他力に救われる、ということが起こるのです。

なぞる

書いて心に刻みましょう！

一　弥陀の誓願不思議にたすけられまゐらせて、
一　弥陀の誓願不思議にたすけられまゐらせて、

往生をばとぐるなりと信じて念仏申さんとおもい
往生をばとぐるなりと信じて念仏申さんとおもい

たつこころのおこるとき、すなはち摂取不捨の利
たつこころのおこるとき、すなはち摂取不捨の利

益にあづけしめたまふなり。弥陀の本願には、老
益にあづけしめたまふなり。弥陀の本願には、老
少・善悪のひとをえらばれず、ただ信心を要とす
少・善悪のひとをえらばれず、ただ信心を要とす
としるべし。そのゆゑは、罪悪深重・煩悩熾盛の
としるべし。そのゆゑは、罪悪深重・煩悩熾盛の
衆生をたすけんがための願にまします。しかれば、
衆生をたすけんがための願にまします。しかれば、

本願を信ぜんには、他の善も要にあらず、念仏に
本願を信ぜんには、他の善も要にあらず、念仏に
まさるべき善なきゆゑに。悪をもおそるべからず、
まさるべき善なきゆゑに。悪をもおそるべからず、
弥陀の本願をさまたぐるほどの悪なきゆゑにと
弥陀の本願をさまたぐるほどの悪なきゆゑにと
云々。
云々。

第二条

念仏以外に往生の道を知らず

（おのおの十余箇国の）

念仏をして地獄に堕ちても、後悔はしない

音読

声に出して読みましょう!

一　おのおの十余箇国《じゅうよかこく》のさかひ《い》をこえて、身《しん》命《みょう》をかへ《え》りみずして、たづ《ず》ねきたらしめたまふ《う》御《おん》こころざし、ひとへ《え》に往生極楽《おうじょうごくらく》のみちを問《と》ひ《い》きかんがためなり。

訳

あなたが、はるばる関東の地から十あまりのもの国境を越えて、命がけで京都まで私を訪ねてこられたのは、ひとえに極楽に往生する道を問いただしたいという、思いからのことでありましょう。

しかるに念仏《ねんぶつ》よりほかに往生《おうじょう》の道《みち》をも存知《ぞんじ》し、また法文等《ほうもんとう》をもしりたるらんと、こころにくくおぼしめしておは《わ》しましてはんべらんは、おほ《お》きなるあやまりなり。

訳

しかし、私（親鸞）が念仏より他に浄土に往生する道を知っている、またそれに関する特別な教えが説かれた経典などを知っており、そのことで隠し立てでもしているのではないだろうかと思っておられるとしたら、それは大変な間違いです。

※【身命】
身体と命。

※【往生極楽のみち】
極楽浄土に生まれる道。極楽は阿弥陀仏の国土のことで、ここに往生する（＝生まれる）と、あらゆる苦悩がなくなり、さまざまな楽しみが与えられるという。

もしからば、南都北嶺《なんとほくれい》にもゆゆしき学生《がくしょう》たちおほく座《おわ》せられて候《そうろう》ふなれば、かのひとにもあひ《い》たてまつりて、往生《おうじょう》の要《よう》よくよくきかるべきなり。

訳

もしもそう思うなら、奈良（興福寺）や比叡山（延暦寺）にもすぐれた学者たちがたくさんいらっしゃいますから、往生の秘訣を尋ねるとよいでしょう。

親鸞《しんらん》におきては、ただ念仏《ねんぶつ》して、弥陀《みだ》にたすけられまゐ《い》らすべしと、よきひとの仰《おお》せをかぶりて、信《しん》ずるほかに別《べつ》の子細《しさい》なきなり。

訳

私（親鸞）には、「ひたすら念仏して、阿弥陀仏に救われ往生させていただくがよい」という、すぐれた方（法然聖人）のお言葉を信じて念仏する以外に、浄土に生まれる格別な手立てはないのです。

念仏《ねんぶつ》は、まことに浄土《じょうど》に生《うま》るるたねにてやはんべらん、また地獄《じごく》におつべき業《ごう》にてやはんべるらん、総《そう》じてもって存知《ぞんじ》せざるなり。

※【浄土】
仏の住む世界。一切の煩悩や穢れがない。

※【地獄】
苦しみの絶えない死後の世界。生前の罪深い悪行によって導かれる。

訳

念仏は、本当に浄土に生まれる種になるのでしょうか。あるいは地獄に堕ちる行いとなるのでしょうか。それは私には全くわからないことなのです。

たとひ《い》法然聖人《ほうねんしょうにん》にすかされまゐ《い》らせて、念仏《ねんぶつ》して地獄《じごく》におちたりとも、さらに後悔《こうかい》すべからず候《そうろ》ふ《う》。

訳

たとえ法然聖人に騙されて、念仏して地獄に堕ちたとしても、私（親鸞）は少しも後悔しません。

そのゆゑ《え》は、自余《じよ》の行《ぎょう》もはげみて仏《ぶつ》に成《な》るべかりける身《み》が、念仏《ねんぶつ》を申《もう》して地獄《じごく》にもおちて候《そうら》は《わ》ばこそ、すかされたてまつりてといふ《う》後悔《こうかい》も候《そうら》は《わ》め。いづ《ず》れの行《ぎょう》もおよびがたき身《み》なれば、とても地獄《じごく》は一定《いちじょう》すみかぞかし。

訳

なぜなら、念仏以外の修行に励むことで仏になることができる身でありながら、念仏したために地獄に墜ちたというのであれば、法然聖人に騙されたと後悔もしましょうが、念仏以外にいかなる修行もできない身ですから、どのようにしても地獄以外に住みかはないのです。

※【自余の行】念仏以外の修行のこと。

※【一定】間違いなく、きっと。

弥陀《みだ》の本願《ほんがん》まことにおはしまさば、釈尊《しゃくそん》の説教虚言《せっきょうきょごん》なるべからず。

訳

弥陀仏の命あるものすべてを救うという願いが真実であるならば、そのことを説き示されたお釈迦さまの教えが偽りであるはずがありません。

仏説《ぶっせつ》まことにおはしまさば、善導《ぜんどう》の御釈《おんしゃく》虚言《きょごん》したまふ《う》べからず。

訳

お釈迦さまの教えが真実であるならば、その心を受け継いだ善導大師の解釈に間違いのあるはずがありません。

善導《ぜんどう》の御釈《おんしゃく》まことならば、法然《ほうねん》の仰《おお》せそらごとならんや。

訳

善導大師の解釈が真実であるならば、それによって念仏往生の教えを説かれた法然聖人のお言葉に偽りがあるはずはありません。

※【釈尊】
仏教の開祖ゴータマ・ブッダのこと。

※【善導の御釈】
善導は中国唐代の僧で浄土思想を確立した。善導の御釈とは善導大師が記した『観経疏』の教えを指している。法然の専修念仏の考えに大きな影響を与えた。

法然《ほうねん》の仰《おお》せまことならば、親鸞《しんらん》が申《もう》すむね、またもってむなしかるべからず候《そうろう》ふか。詮《せん》ずるところ、愚身《ぐしん》の信心《しんじん》におきてはかくのごとし。

訳

法然聖人のお言葉が真実であるならば、その教えを受け継ぐ私（親鸞）があなた方に申す念仏往生の教えもまた、無意味なものではないといえるのではないでしょうか。つまるところ、愚かな私の信心は、いま申した通りのものです。

このうへ《え》は、念仏《ねんぶつ》をとりて信《しん》じたてまつらんとも、またすてんとも、面々《めんめん》の御《おん》はからひ《い》なりと云々《うんぬん》。

訳

このうえは、念仏して往生させていただくという教えを信じようとも、念仏を捨てようとも、あなた方一人ひとりのお考えしだいです。このように親鸞聖人は仰せになりました。

ワンポイントアドバイス

ただ念仏をして、浄土に往生させていただくこと

極楽浄土に往生する道について、いろいろ教えてもらおうと、関東から京都まで命がけで訪ねてきた信者たちに、親鸞が語った事が記されています。

「私（親鸞）は、ただ念仏して阿弥陀様に救われ、往生させていただく、という法然聖人のお言葉を信じているだけなのです」。このシンプルで、徹底したところが、しっかりと定まった心のあり方を感じさせます。

続いて「念仏すれば、本当に浄土に生まれるのか、それとも地獄に墜ちてしまうのか、自分には全く分かりません」とまでいうのです。ここも、信仰というものの、深い心のありかたを見る事ができるところだと思います。

またスゴイのは、「たとえ法然聖人に騙されて、念仏を唱えたため地獄へ堕ちてしまっても、決して後悔しない」といいきっているところです。

「師である法然の教えを信じて、一切の疑いや迷いを挟まない」という親鸞の覚悟が表れている条です。非常に潔く決然とした言葉です。

私たちの日常生活でも、あれこれと、他の選択肢や可能性にとらわれて、いろんな事に手を出し、どれも中途半端になって成功しないことがよくあります。それよりも、まず自分のいる場所を信じて、そこでできることに専念してみると、良い結果が得られることが多いのではないでしょうか。

ワンポイントアドバイス

本願を信じて念仏するしかないか、一人ひとりが自分で判断すること

法然聖人の教えに従って念仏を唱えたために地獄に墜ちることさえ、別に後悔しない、と親鸞は固い決心を表明しています。念仏以外のどんな修行もできない自分なので、もともと地獄のほかに住みかはないのだ、と。親鸞聖人の肝のすわった言葉が、とても清々しいですね。

音読してみると、なおその心持が気持ちよく響いてきて、よく理解できるような気がします。

「自分には才能がない。どんな修業をしてもこの世の仏にはなれない。そんな凡庸な愚かな人間なのだ」という認識が、親鸞の根底にあります。いちばん底辺のところから自分の信仰を確認していく、これが強靭な精神であり、心構えです。

釈尊＝お釈迦様が弥陀の本願をきちんと約束したので、それを受け継いだ善導や法然聖人の教えにも嘘があるはずがない。そこで「法然聖人のお教えをそのままお伝えしようと親鸞が申しあげることも、無意味ではありません」と語ります。連綿と続く教えの絆といったものが、生きているところです。

第二条の終わりには、「この念仏を信じようとも、また、それを捨てようとも、みなさん一人ひとりの考え次第です。ご自分で判断ください」と結んでいます。親鸞は頭から教えを強要することは、決してしないのです。最終的には相手の意志に任せる。するると、任された方は自分で判断して決めることになるので、説得された時より、ずっと強固な決心になるのです。

なぞる

書いて心に刻みましょう!

一　おのおのの十余箇国のさかひをこえて、身命
一　おのおのの十余箇国のさかひをこえて、身命

をかへりみずして、たづねきたらしめたまふ御こ
をかへりみずして、たづねきたらしめたまふ御こ

ころざし、ひとへに往生極楽のみちを問ひきかん
ころざし、ひとへに往生極楽のみちを問ひきかん

がためなり。しかるに念仏よりほかに往生のみち
がためなり。しかるに念仏よりほかに往生のみち

をも存知し、また法文等をもしりたるらんと、こ
をも存知し、また法文等をもしりたるらんと、こ

ころにくくおぼしめしておはしましてはんべらん
ころにくくおぼしめしておはしましてはんべらん

は、おほきなるあやまりなり。もししからば、南
は、おほきなるあやまりなり。もししからば、南

都北嶺にもゆゆしき学生たちおほく座せられて候
都北嶺にもゆゆしき学生たちおほく座せられて候

ふなれば、かのひとにもあひたてまつりて、往生
ふなれば、かのひとにもあひたてまつりて、往生

の要よくよくきかるべきなり。親鸞におきては、
の要よくよくきかるべきなり。親鸞におきては、

ただ念仏して、弥陀にたすけられまゐらすべしと、
ただ念仏して、弥陀にたすけられまゐらすべしと、

よきひとの仰せをかぶりて、信ずるほかに別の子
よきひとの仰せをかぶりて、信ずるほかに別の子
細なきなり。念仏は、まことに浄土に生るるたね
細なきなり。念仏は、まことに浄土に生るるたね
にてやはんべらん、また地獄におつべき業にてや
にてやはんべらん、また地獄におつべき業にてや
はんべるらん、総じてもつて存知せざるなり。た
はんべるらん、総じてもつて存知せざるなり。た

とひ法然聖人にすかされまゐらせて、念仏して地
とひ法然聖人にすかされまゐらせて、念仏して地
獄におちたりとも、さらに後悔すべからず候ふ。
獄におちたりとも、さらに後悔すべからず候ふ。
そのゆゑは、自余の行もはげみて仏に成るべかり
そのゆゑは、自余の行もはげみて仏に成るべかり
ける身が、念仏を申して地獄にもおちて候はばこ
ける身が、念仏を申して地獄にもおちて候はばこ

そ、すかされたてまつりてといふ後悔も候はめ。
そ、すかされたてまつりてといふ後悔も候はめ。

いづれの行もおよびがたき身なれば、とても地獄
いづれの行もおよびがたき身なれば、とても地獄

は一定すみかぞかし。弥陀の本願まことにおはし
は一定すみかぞかし。弥陀の本願まことにおはし

まさば、釈尊の説教虚言なるべからず。仏説まこ
まさば、釈尊の説教虚言なるべからず。仏説まこ

とにおはしまさば、善導の御釈虚言したまふべか

とにおはしまさば、善導の御釈虚言したまふべか

らず。善導の御釈まことならば、法然の仰せそら

らず。善導の御釈まことならば、法然の仰せそら

ごとならんや。法然の仰せまことならば、親鸞が

ごとならんや。法然の仰せまことならば、親鸞が

申すむね、またもつてむなしかるべからず候ふか。

申すむね、またもつてむなしかるべからず候ふか。

詮ずるところ、愚身の信心におきてはかくのごと
詮ずるところ、愚身の信心におきてはかくのごと
し。このうへは、念仏をとりて信じたてまつらん
し。このうへは、念仏をとりて信じたてまつらん
とも、またすてんとも、面々の御はからひなりと
とも、またすてんとも、面々の御はからひなりと
云々。
云々。

第三条

悪人ほど往生するのにふさわしい

（善人なほもって往生をとぐ）

善人でさえ往生できるんだから、
悪人はいうまでもない

音読 声に出して読みましょう!

一　善人《ぜんにん》なほ《お》もって往生《おうじょう》をとぐ。いは《わ》んや悪人《あくにん》をや。

訳

善人でさえ極楽浄土に往生することができるのですから、まして、悪人（自力で煩悩から離れることのできない凡夫）が浄土に往生できないことはありません。

しかるを世《よ》のひとつねにいは《わ》く、「悪人《あくにん》なほ《お》往生《おうじょう》す、いかにいは《わ》んや善人《ぜんにん》をや」。

訳

それなのに、世間の人たちは、つねにこのようにいいます。悪人でさえ浄土に往生するのだから、まして、善人が極楽浄土に往生するのはいうまでもない、と。

この条《じょう》、一旦《いったん》そのいは《わ》れあるに似《に》たれども、本願他力《ほんがんたりき》の意趣《いしゅ》にそむけり。

訳

これは一応もっとものようですが、阿弥陀仏の本願他力の教えの趣旨に反しています。

※【本願他力】本願と他力。同じことで、阿弥陀仏の救いのことをいう。

そのゆゑ《え》は、自力作善《じりきさぜん》のひとは、ひとへ《え》に他《た》力《りき》をたのむこころかけたるあひ《い》だ、弥陀《みだ》の本願《ほんがん》にあらず。

訳

なぜなら、自分の力によって善いおこないをつみかさねて往生しようと心がける人は、ひたすら阿弥陀仏の他力におすがりしようとする心に欠けていますから、阿弥陀仏の本願に背を向けていることになるのです。

しかれども、自力《じりき》のこころをひるがへ《え》して、他力《たりき》をたのみたてまつれば、真実報土《しんじつほうど》の往生《おうじょう》をとぐるなり。

訳

しかし、そういう人でも、自分の力にたのむ心を改めて、阿弥陀仏の他力におすがりしておまかせすれば、まことの浄土に往生することができるのです。

※【自力作善】
自分の力で善い行いをして、浄土に往生しようとすること。

※【真実報土】
阿弥陀仏の浄土のうち、他力の信心をもちあわせた者のみが往生できる真の浄土。すなわち極楽浄土。

煩悩具足《ぼんのうぐそく》のわれらは、いづれ《ず》の行《ぎょう》にても生死《しょうじ》をはなるることあるべからざるを、あはれみた《わ》まひ《い》て願《がん》をおこしたまふ本意《うほんい》、悪人成仏《あくにんじょうぶつ》のためなれば、他力《たりき》をたのみたてまつる悪人《あくにん》、もっとも往生《おうじょう》の正因《しょういん》なり。

訳

あらゆる煩悩を身にそなえている私たちは、どのような修行によっても、生死流転の迷いの世界から逃れることができません。阿弥陀仏がそれを哀れに思われて、本願を起こされたそのお心は、私たちのような悪人を救って仏にするためなのですから、ひたすら阿弥陀仏の他力を頼みとして生きる悪人こそ、もっとも浄土に往生させていただくにふさわしいのです。

よって善人《ぜんにん》だにこそ往生《おうじょう》すれ、まして悪人《あくにん》はと、仰《おお》せ候《そうら》ひ《い》き。

訳

したがって、善人でさえ極楽浄土に往生できるのであれば、まして、悪人が往生できるのは当然のことであると、親鸞聖人は仰せになりました。

※【煩悩具足】苦悩の原因である欲望をすべて身に備えていること。

ワンポイントアドバイス

善人とは自力で往生できる人、悪人は他力にすがるしかない人

第三条の冒頭の「善人なおもって往生を遂ぐ、いわんや悪人をや」は、『歎異抄』の中でも一番有名な言葉です。これは「悪人正機」という教えで「正機」とは「仏の教えによって救われる対象となる人」のことをいいます。

本来、一般的な考え方を言葉にすると「悪人が往生して浄土へ行けるなら、善人ならなおさら行けるはずだ」と思うのが普通の考え方でしょう。

しかし親鸞は逆の考えで、「善人ですら往生できるのだから、悪人はもちろん救われるわけだ」と説いているのです。

この真意を理解するには、「善人」と「悪人」が一体どういう存在なのか、を知る必要があります。親鸞がいう「善人」とは、「自力作善の人」である、ということです。すなわち自分の力で修行や善行ができる人だと説いています。すなわち偉い聖人のように「自力」で修行を重ねて悟りを開き、自分の力で仏になることができる人たちです。このような聖人は、なにも阿弥陀仏に助けていただく必要はないわけです。「他力」を信じる心がけはなく、阿弥陀仏の本願には背を向けていることになります。

これに対して「悪人」は、「煩悩具足のわれら」のことで、日々煩悩にとらわれてしまい、厳しい修行などとてもできない人たちのことをいいます。どんなに修行を重ねても、この迷いの世からどうしても逃れられません。

実際に多くの人たちにとって、自力での往生はなかなか叶わないものです。阿弥陀様は、このような凡庸な人たちにより心を配ってくださる、という信仰です。

ワンポイントアドバイス

煩悩だらけの悪人こそ阿弥陀仏の本願で往生できる

親鸞が説く「悪人」とは、罪を犯して刑務所に入るような人のことではなく、自力で悟りを開けることができず、自分のことを「煩悩まみれで欲深い」と感じている人たちを指しています。

ちなみに「煩悩」とは、人の心身にまといつき心をかき乱すものとして、「百八煩悩」と言われるように、欲望、怒り、嫉妬、愚痴などたくさんあります。

そう考えると、この世のほとんどの人たちは自力で悟りを得られない人たち、ということになります。

阿弥陀仏はこのような他力でしか悟りを得られない人たちはおろか、本当に悪をなしてきた人ですら、あわれに思われて手を差し伸べて救おうとされてきたのです。

もし、自力で修行して悟りを得る人がほとんどであれば、阿弥陀仏は救いの手を差し伸べなくてもいいわけです。

そのことから阿弥陀仏の本願を頼みとするほかは何も力をもっていない「悪人」こそが、浄土に往生させていただくのにふさわしいことになります。

「善人なおもって往生を遂ぐ、いわんや悪人をや」は、まさに親鸞の逆説的な視点がみごとに世の中の人の心を打ったといえるでしょう。

法然も悪人正機説を説いており、親鸞はそれをより深め、世に広めたと言えます。

なぞる

書いて心に刻みましょう！

一　善人なほもつて往生をとぐ。いはんや悪人を
一　善人なほもつて往生をとぐ。いはんや悪人を

や。しかるを世のひとつねにいはく、「悪人なほ
や。しかるを世のひとつねにいはく、「悪人なほ

往生す。いかにいはんや善人をや」。この条、一旦
往生す。いかにいはんや善人をや」。この条、一旦

そのいはれあるに似たれども、本願他力の意趣に
そのいはれあるに似たれども、本願他力の意趣に
そむけり。そのゆゑは、自力作善のひとは、ひと
そむけり。そのゆゑは、自力作善のひとは、ひと
へに他力をたのむこころかけたるあひだ、弥陀の
へに他力をたのむこころかけたるあひだ、弥陀の
本願にあらず。しかれども、自力のこころをひる
本願にあらず。しかれども、自力のこころをひる

がへして、他力をたのみたてまつれば、真実報土
がへして、他力をたのみたてまつれば、真実報土

の往生をとぐるなり。煩悩具足のわれらは、いづ
の往生をとぐるなり。煩悩具足のわれらは、いづ

れの行にても生死をはなるることあるべからざる
れの行にても生死をはなるることあるべからざる

を、あはれみたまひて願をおこしたまふ本意、悪
を、あはれみたまひて願をおこしたまふ本意、悪

人成仏のためなれば、他力をたのみたてまつる悪

人成仏のためなれば、他力をたのみたてまつる悪

人、もつとも往生の正因なり。よつて善人だにこ

人、もつとも往生の正因なり。よつて善人だにこ

そ往生すれ、まして悪人はと、仰せ候ひき。

そ往生すれ、まして悪人はと、仰せ候ひき。

第四条

大いなる慈悲の心

（慈悲に聖道・浄土のかはりめあり）

慈悲には聖道門と浄土門の
立場の違いがある

音読 声に出して読みましょう！

一 慈悲《じひ》に聖道《しょうどう》・浄土《じょうど》のかはり《わ》めあり。

訳

慈悲には、聖道門と浄土門の二つの考え方があります。

聖道《しょうどう》の慈悲《じひ》といふ《う》は、ものをあはれ《わ》み、かなしみ、はぐくむなり。

訳

聖道門の慈悲というのは、生きとし生けるものを哀れみ、いとおしみ、育てることです。

しかれども、おもふ《う》がごとくたすけとぐること、きは《わ》めてありがたし。

訳

しかし、思いどおりに救うことは、きわめて困難なことです。

※【慈悲】
仏の衆生救済の心。「慈」は楽を与えること、「悲」は苦を抜くこと。

※【聖道】
聖道門のこと。修行や学問によって、この世で悟りを開くことを目指す教え。

※【浄土】
浄土門のこと。本願の力によって浄土に往生して悟りを開く教え。聖道門に対する言葉。

浄土《じょうど》の慈悲《じひ》といふ《う》は、念仏《ねんぶつ》して、いそぎ仏《ぶつ》に成《な》りて、大慈大悲心《だいじだいひしん》をもって、おもふ《う》がごとく衆生《しゅじょう》を利益《りやく》するをいふ《う》べきなり。

訳

一方、浄土門の慈悲というのは、念仏を唱えて浄土に往生し、すみやかに仏とならせていただき、その大いなる慈悲の心によって、すべてのものに思いのままに救いの手を差しのべることをいいます。

今生《こんじょう》に、いかにいとほ《お》し不便《ふびん》とおもふ《う》とも、存《ぞん》知《じ》のごとくたすけがたければ、この慈悲始終《じひしじゅう》なし。

訳

この世に生きているうちは、どんなに、いとおしいとか、かわいそうだとか思っても、思いのままに救うことはできないのです。だからこのような聖道門の慈悲は、首尾一貫しないものなのです。

しかれば、念仏申《ねんぶつもう》すのみぞ、するゑ《え》とほ《お》りたる大慈悲心《だいじひしん》にて候《そうろう》ふべきと云々《うんぬん》。

訳

そのようなことから、ひたすら念仏を唱えることだけが、ほんとうに徹底した、大いなる慈悲の心なのです。このように親鸞聖人は仰せになりました。

※【利益】仏や菩薩の力によって、人々に恵みがもたらされること。

ワンポイント
アドバイス

聖道門では生けるものを救うことが難しいが、浄土門では救える

まず第四条では「聖道の慈悲」と「浄土の慈悲」が対比として語られています。「聖道」とは「聖道門」のことで、自分の意志で厳しい修行により、この世で悟りを開くことを目指す教えです。「聖道の慈悲」とは、すべてのものを哀れみ、いとおしみ、はぐくむ意味です。

かわって「浄土」とは、「浄土門」のことで、他力による考え方が基本にあり、「聖道門」とは対立するものです。これは自分の至らなさ、無力を自覚して、阿弥陀仏の本願の力によって、浄土に往生させていただき、悟りを開く教えです。

そして、「浄土の慈悲」とは、念仏してすみやかに仏となって、大いなる慈悲により、すべてのものを救うことができるのです。

聖道門のもとで、この世で悟りを開き、すべての生きるものをあわれんで、救おうとしたところで、「この慈悲始終なし」で、実際は思うように救うことが難しいのです。ところが、「浄土門」のもとで念仏して、すみやかに仏となることができれば、仏の徹底した慈悲の大きな心によって、思いのままprobすべてのものを救うことができる、と説いています。第三条では「善人」と「悪人」が対比されていましたが、第四条でも「自力」と「他力」とで悟りを開く違いを説いています。

浄土の慈悲は衆生を救う、そのためには念仏あるのみ

他力による親鸞の教えは、不安が多い当時の人びとにとって、大きな救いとなりました。なぜなら親鸞が生きた時代は現代よりも、情報が伝わりにくいうえに、病気の蔓延、飢餓、地震などの天変地異など、いろいろな厄災が起きた時代でした。人々の生活は日々大変な苦労の連続となり、つねに救いを求めていたからです。

念仏とは、仏を心に思い描いて祈る修行ですが、法然はこの念仏を、仏の名前を唱えるだけの「称名」で良いとしました。

念仏は「南無阿弥陀仏」と唱えますが、この「阿弥陀仏」が名前で、「南無」は、「おまかせする、帰依する」という意味です。「南無阿弥陀仏」と唱えて、心の中でしっかり他力を信じ、自分を阿弥陀仏の大いなる慈悲におまかせするのです。

こうして得られる安心感が、力の抜けた状態となり、恐れのない安心を得ることができると説いています。

小林一茶の作品に「年寄りや月を見るにもナムアミダ」という句があります。何を見ても「なんまいだ、なんまいだ」と念仏すると、心が落ち着いて救われた気持ちになります。阿弥陀仏の本願におすがりして、この身を任せると、とても楽に生きていけるのです。このように『歎異抄』では「自力の道」と「他力の道」がつねに対比されていきます。

なぞる

書いて心に刻みましょう！

一　慈悲に聖道・浄土のかはりめあり。聖道の慈

一　慈悲に聖道・浄土のかはりめあり。聖道の慈

悲といふは、ものをあはれみ、かなしみ、はぐく

悲といふは、ものをあはれみ、かなしみ、はぐく

むなり。しかれども、おもふがごとくたすけとぐ

むなり。しかれども、おもふがごとくたすけとぐ

ること、きはめてありがたし。浄土の慈悲といふ
ること、きはめてありがたし。浄土の慈悲といふ

は、念仏して、いそぎ仏に成りて、大慈大悲心を
は、念仏して、いそぎ仏に成りて、大慈大悲心を

もつて、おもふがごとく衆生を利益するをいふべ
もつて、おもふがごとく衆生を利益するをいふべ

きなり。今生に、いかにいとほし不便とおもふと
きなり。今生に、いかにいとほし不便とおもふと

も、存知のごとくたすけがたければ、この慈悲始
も、存知のごとくたすけがたければ、この慈悲始
終なし。しかれば、念仏申すのみぞ、すゑとほり
終なし。しかれば、念仏申すのみぞ、すゑとほり
たる大慈悲心にて候ふべきと云々。
たる大慈悲心にて候ふべきと云々。

第五条

父母の供養のために念仏せず

（親鸞は父母の孝養のためとて）

命あるものは何度も生まれ変わり、
父母・兄弟姉妹になったりする

音読　声に出して読みましょう！

一　親鸞《しんらん》は父母《ぶも》の孝養《きょうよう》のためとて、一返《いっぺん》にても念仏申《ねんぶつもう》したること、いまだ候《そうら》はず《わ》。

訳

私（親鸞）は、亡くなった父や母の追善供養のために、一度でも念仏したことはありません。

そのゆゑ《え》は、一切《いっさい》の有情《うじょう》はみなもって世々《せせ》生々《しょうじょう》の父母《ぶも》・兄弟《きょうだい》なり。

訳

それというのも、生きとし生けるものはすべて、遠い過去からいままでのいずれかの世で、何度となく生まれ変わり死に変わりする間に、ときに父母となり、ときに兄弟姉妹となってきたのです。

いづ《ず》れもいづ《ず》れも、この順次生《じゅんじしょう》に仏《ぶつ》に成《な》りてたすけ候《そうろう》ふべきなり。

訳

ですから、私たちが死んで浄土に往生し、仏となったうえは、今生《こんじょう》のわが父母や兄弟姉妹ばかりではなく、命あるものすべてを救わなければならないのです。

※【順次生】今生の命を終えて、その次に生まれる命のこと。

わがちからにてはげむ善《ぜん》にても候《そうら》はばこそ、念仏《ねんぶつ》を回向《えこう》して父母《ぶも》をもたすけ候《そうら》はめ。

訳

この念仏がもし自分の力で努める善であるならば、その念仏の功徳によって亡き父母を救うこともできるでしょうが、念仏はそういう自力の行ではないので、そうもできません。

ただ自力《じりき》をすてて、いそぎ浄土《じょうど》のさとりをひらきなば、六道四生《ろくどうししょう》のあひ《い》だ、いづ《ず》れの業苦《ごっく》にしづ《ず》めりとも、神通方便《じんずうほうべん》をもって、まづ《ず》有縁《うえん》を度《ど》すべきなりと云々《うんぬん》。

訳

ただ、自力の心を捨て去って、すみやかに浄土に往生して、悟りを開いたならば、父母や兄弟姉妹が六道・四生の長い迷いの世界に生まれて、どのような悪行による苦しみの中に沈んでいようとも、仏の持つ不思議な力によって、なによりもまずこの世で自分にもっとも縁のあった人たちから救うことができるのです。このように親鸞聖人は仰せになりました。

※【六道四生】

六道とは死後生まれ変わる六つの世界（地獄・餓鬼・畜生・修羅・人間・天上）のことで、迷い苦しみのなくならない世界のこと。四生（胎生《たいしょう》・湿生《しっしょう》・卵生《らんしょう》・化生《けしょう》）とはその生まれ方で、迷い苦しむ世界に生きる者のこと。

※【神通方便】

想像もできない不思議な力の手立て。仏の持つ自由自在な救いの働きをいう。

ワンポイントアドバイス

命あるものは何度も生まれ変わり、父母や兄弟姉妹となっている

親鸞は第五条で、自分の父母のために一度も念仏をしたことがない、と言い切っています。これだけ聞くと、親鸞はなんて親不孝な人間なのだ、と思うかもしれません。普通は亡くなった父母のために念仏を唱えてあげようとするからです。

しかし親鸞は、自分の父母の追善供養はしたことがない、と言います。どういうことでしょうか。その一つとして、この世に生まれてきた人たちはすべて、何度も生まれ変わり、死に変わりしてきたので、みな互いに父母になったり、兄弟姉妹になったりして関係性を築いているという考え方をしています。

私たちがこの世の命を終えて浄土に極楽往生してただちに仏となったら、すべての命あるものを救わなければなりません。なぜならすべての命はつながっているからです。自分の父母だけ救うのは、一種のエゴイズムとなり、この考えを超えていかねばならない、と親鸞は説いています。

自力ではなく、阿弥陀仏の不思議な力におまかせする

親鸞は「もし念仏が自力で務める善行ならば、それによって亡き父母を救うことはできるが、念仏はそもそも自力によるものではないので、それは不可能だ」と述べています。

とはいえ、浄土に往生できたなら、自由自在で不思議な「神通方便」の働きによっ

て、まずは家族や縁者などを「度す」（＝救うこと）ができるのです。

この世の誰かを自力で救うのではなく、他力にすがって極楽往生してから、悟りを開いてこそ、生きるものすべてを救うことができる。修行がままならない私たちには救う技などないのです。

現代では、本気で極楽浄土や地獄が存在すると信じている人は少ないでしょう。しかし、親鸞が生きていた時代は、極楽や地獄が身近に感じられていました。

平安中期に源信という僧が著した『往生要集』という書物には、地獄では炎で焼かれたり、大釜で煮られたり、刀で切られて刻まれたりと詳しく書かれています。

こうした恐ろしい地獄のイメージと、蓮華が咲き乱れる美しくて平和な極楽浄土のイメージは、当時の人々にとってずっとリアルに感じられていたのでしょう。

たとえ悪いことをしても、念仏をとなえて阿弥陀仏におすがりすれば、極楽浄土で往生できると本気で信じていました。

それが人々の心の安らぎに通じていたのです。

なぞる

書いて心に刻みましょう!

一　親鸞は父母の孝養のためとて、一返にても念仏申したること、いまだ候はず。そのゆゑは、一切の有情はみなもつて世々生々の父母・兄弟なり。

一　親鸞は父母の孝養のためとて、一返にても念仏申したること、いまだ候はず。そのゆゑは、一切の有情はみなもつて世々生々の父母・兄弟なり。

いづれもいづれも、この順次生に仏に成りてたす
いづれもいづれも、この順次生に仏に成りてたす

け候ふべきなり。わがちからにてはげむ善にても
け候ふべきなり。わがちからにてはげむ善にても

候はばこそ、念仏を回向して父母をもたすけ候は
候はばこそ、念仏を回向して父母をもたすけ候は

め。ただ自力をすてて、いそぎ浄土のさとりをひ
め。ただ自力をすてて、いそぎ浄土のさとりをひ

らきなば、六道四生のあひだ、いづれの業苦にし
らきなば、六道四生のあひだ、いづれの業苦にし
づめりとも、神通方便をもつて、まづ有縁を度す
づめりとも、神通方便をもつて、まづ有縁を度す
べきなりと云々。
べきなりと云々。

第六条

他力に任せることで、おのずから仏恩（仏の恩）を知る

（専修念仏とともがらの）

念仏する者同士は師でも弟子でもない。
ともに信仰の道を歩む者同士

音読 声に出して読みましょう！

一　専修念仏《せんじゅねんぶつ》のともがらの、わが弟子《でし》、ひとの弟子《でし》といふ《う》相論《そうろん》の候《そうろう》ふ《う》らんこと、もってのほかの子細《しさい》なり。

訳

ひたすら阿弥陀仏の救いを信じて念仏の道を歩む人たちのなかに、「この人は自分の弟子だ」「あの人は他の人の弟子だから関係ない」と、わけへだてをして言い争うことがあるようですが、それは大きな心得違いです。

※【専修念仏】阿弥陀仏の救いを信じ、ただひたすらに「南無阿弥陀仏」と念仏を唱えること。

親鸞《しんらん》は弟子《でし》一人《いちにん》ももたず候《そうろう》ふ《う》。

訳

私（親鸞）は、一人の弟子も持っていません。

そのゆゑ《え》は、わがはからひ《い》にて、ひとに念仏《ねんぶつ》を申《もう》させ候《そうら》は《わ》ばこそ、弟子《でし》にても候《そうら》は《わ》め。弥陀《みだ》の御《おん》もよほ《お》しにあづ《ず》かって念仏《ねんぶつ》申《もう》し候《そうろう》ふ《う》ひとを、わが弟子《でし》と申《もう》すこと、きは《わ》めたる荒涼《こうりょう》のことなり。

※【御もよほし】すべてのものを見捨てないという阿弥陀仏の救いのこと。

つくべき縁《えん》あればともなひ《い》、はなるべき縁《えん》あればはなるることのあるをも、師《し》をそむきて、ひとにつれて念仏《ねんぶつ》すれば、往生《おうじょう》すべからざるものなりなんどいふ《う》こと、不可説《ふかせつ》なり。

訳

その理由は、私自身のはからいで人に念仏を申させるのであれば、その人は私の弟子だと言えるでしょうが、ひとえに阿弥陀仏の働きかけによって念仏する人を、私の弟子などと言うのは、途方もない間違いだからです。

如来《にょらい》よりたまはり《わ》たる信心《しんじん》を、わがものがほ《お》に、とりかへ《え》さんと申《もう》すにや。かへ《え》すがへ《え》すもあるべからざることなり。

訳

一緒になるべき因縁があるから弟子は師に連れ添い、離れるべき因縁があれば弟子は師から離れてゆくことになるのに、いままでの師に背き他の人に従って念仏する者は往生できないなどとは、決して言ってはならないことです。

訳

阿弥陀如来からたまわった信心を、自分が与えたかのように思い、それを取り返そうとでも言うのでしょうか。そのようなことは、決してあってはならないことです。

自然《じねん》のことわりにあひかなはば、仏恩《ぶっとん》をもしり、また師《し》の恩《おん》をもしるべきなりと云々《うんぬん》。

訳

阿弥陀仏の本願の働きにおまかせすれば、おのずと仏の大きな恩もよくわかり、また師の恩もわかることでしょう。

※【自然のことわり】
人の思慮分別を超えた如来の本願の働きによって、おのずから信心に目覚める道理。
※【仏恩】
仏の人々を救うという慈悲の恵み。

ワンポイント
アドバイス

阿弥陀仏のはからいで念仏する者同士は師でも弟子でもない

「私は一人も弟子をもっていません」と言う第六条の冒頭の言葉は、『歎異抄』の中でも有名なフレーズです。これも親鸞の独特な意表をついた表現の一つです。

ふつうは指導者にもなると、多くの弟子をとって徒党を組んだりしがちですが、「門弟は一人もいない」ときっぱり言いきるところに、親鸞の名誉や利益などに執着しない淡々とした人柄があらわれています。

この潔い物言いが、かえって多くの門徒を抱えることになったことを思うと、これも親鸞の逆説の一つと言えるでしょう。

親鸞には弟子ではなく、ともに仏の道を歩む者同士という考えがあります。自分自身も阿弥陀仏の働きかけによって念仏しており、他の人も同じように阿弥陀仏のはからいで念仏しているのだから、他の人たちを「自分の弟子だ」というのはおかしいのです。

親鸞も師にあたる法然のことを「よきひと」と呼んでいます。「互いに先生でもなければ、弟子でもない、同じ道を行く人」ということなのです。

このように「ともに同じ道を歩む者同士」というのは、教える者にとっても、教わる者にとっても、とても好ましい関係だと思います。お互いに対等な関係ですから、教えについても良い影響を与え合えるのです。

ワンポイント
アドバイス

こざかしく知恵を働かせるより、自然に任せて生きるが良い

親鸞は、人々の縁についても「人びとは縁によって一緒になり、また縁によって離れていく。何も自分で仕切ったりする必要はない」と説いています。信心とは本来、「如来よりたまはりたる信心」なのです。「如来」とは、ここでは阿弥陀仏のことで、「信ずる心はもともと如来からいただいたもの。それをまるで自分が与えたもののように言うのは間違っている」と親鸞は諭しています。

第六条の最後にある「自然のことわりにあいかなわば～」とは、人が考えるようなことを超えた、阿弥陀仏の本願の働きのことを言います。これによって、おのずから信心するようになれば、自然の流れで「仏恩」も師の恩もわかるようになるはずだ、と説いています。

「自然《じねん》」は、「自分の力ではなく、本願他力によって、おのずからそうなる」という意味です。

この「自然」という考え方は、親鸞の教えの大きな要となっています。

なぞる

書いて心に刻みましょう！

一　専修念仏のともがらの、わが弟子、ひとの弟
一　専修念仏のともがらの、わが弟子、ひとの弟

子といふ相論の候ふらんこと、もつてのほかの子
子といふ相論の候ふらんこと、もつてのほかの子

細なり。親鸞は弟子一人ももたず候ふ。そのゆゑ
細なり。親鸞は弟子一人ももたず候ふ。そのゆゑ

は、わがはからひにて、ひとに念仏を申させ候は
は、わがはからひにて、ひとに念仏を申させ候は

ばこそ、弟子にても候はめ。弥陀の御もよほしに
ばこそ、弟子にても候はめ。弥陀の御もよほしに

あづかつて念仏申し候ふひとを、わが弟子と申す
あづかつて念仏申し候ふひとを、わが弟子と申す

こと、きはめたる荒涼のことなり。つくべき縁あ
こと、きはめたる荒涼のことなり。つくべき縁あ

ればともなひ、はなるべき縁あればはなるることと

ればともなひ、はなるべき縁あればはなるることと

のあるをも、師をそむきて、ひとにつれて念仏す

のあるをも、師をそむきて、ひとにつれて念仏す

れば、往生すべからざるものなりなんどいふこと、

れば、往生すべからざるものなりなんどいふこと、

不可説なり。如来よりたまはりたる信心を、わが

不可説なり。如来よりたまはりたる信心を、わが

ものがほに、とりかへさんと申すにや。かへすが
ものがほに、とりかへさんと申すにや。かへすが
へすもあるべからざることなり。自然のことわり
へすもあるべからざることなり。自然のことわり
にあひかなはば、仏恩をもしり、また師の恩をも
にあひかなはば、仏恩をもしり、また師の恩をも
しるべきなりと云々。
しるべきなりと云々。

第七条

念仏する者は、何にも妨げられない

（念仏者は無礙の一道なり）

心の中に悪い魔が入ってきたと気づいたら、心を落ち着け、念仏を唱えてみよう

音読 声に出して読みましょう!

一 念仏者《ねんぶつしゃ》は無礙《むげ》の一道《いちどう》なり。

訳

阿弥陀仏の救いを信じて念仏する人は、いかなる者にも妨げられない。ただ一筋の道を歩むものです。

そのいは《わ》れいかんとならば、信心《しんじん》の行者《ぎょうじゃ》には、天神《てんじん》・地祇《じぎ》も敬伏《きょうぶく》し、魔界《まかい》・外道《げどう》も障礙《しょうげ》することなし。

訳

その理由はなにかというと、本願を信じて念仏する人には、天の神・地の神も敬ってひれ伏し、悪魔世界・邪魔な教えもさまたげにはならないからです。

罪悪《ざいあく》も業報《ごうほう》を感《かん》ずることあたは《わ》ず、諸善《しょぜん》もおよぶことなきゆゑ《え》なりと云々《うんぬん》。

訳

またどのような罪悪も、その罪の報いが念仏する者に及ぶことなく、また、いかなる善いおこないも、念仏にまさることはありません。念仏する者は、いかなる者にも妨げられない、ただ一筋の道を行くものなのです。このように親鸞聖人は仰せになりました。

※【無礙の一道】権威や観念に妨げられたり、押しとどめられることのない一筋の道。

※【天神・地祇】天上界に住む仏法を守護する善神と人間界に住む地の神。すべての神々。

※【魔界・外道】魔の世界の住人と仏教以外の教えを信奉する人々。ひいては仏道修行を妨げる人々。

※【業報】過去（前世）のおこないの報いとして起こる結果。

ワンポイントアドバイス

念仏をしていると何にも妨げられず安心して生きていける

念仏をする者は、何にも妨げられずに、一筋の道を歩いていける、と親鸞は説いています。その道には天上と地上に住む善い神である「天神・地祇」もひれ伏し、悪い魔の住む世界や仏の道を外れた者である「魔界・外道」も邪魔をしません。

阿弥陀仏の本願を信じて念仏すれば、善き神たちに敬服され、不信心（神仏を信ずる気持ちがないこと）の悪い者たちなど邪魔するものが一切やってこないのです。念仏一筋の道を歩む者の前には、一切の妨げがなく、まっすぐの道が広がるばかりなのです。

第七条は短い文ですが、親鸞の信仰に対する確固たる心情が表されています。念仏するおかげで、目の前に妨げのない道が現れ、なんの不安もなく生きていけると思うと、人生が明るく、気が楽になるというものです。

心の中に悪い魔が入ってきたら、まず心を落ち着けよう

現実世界には魔物は目の前に現れることはありませんが、「魔がさす」ことは誰にでもあります。心の中に、魔物が入ったかのように、よくない考えがふと頭をよぎる、といったことはあると思います。

ワンポイントアドバイス

たとえば、「あの人のせいで、私は不幸なのだ」「生まれた環境が悪いから、何もかもうまくいかない」などと思い込んでしまう。こうしたことは、日常的に起こりうることです。このように「魔」にとりつかれたような心になっていると、仕事も手につかなくなってしまうでしょう。まさに「魔界・外道」に妨げられて、支配されてしまったような状態です。

その一方で、阿弥陀仏を信じて念仏する人は、来世では悟りが開けるという安心感があるので、心には何も妨げがありません。人を妬んだり、恨んだりすることもなければ、怒りの気持ちに飲み込まれることもありません。

このような心の障害やさまたげのない、すっきりとした「無礙の一道」が開かれているのです。

『歎異抄』を読むときには、「悪魔や地獄」が実際にあるという考えより、自分自身の心の中に「いま、魔物がやってきて、心の中に住みこもうとしている」と気づくだけでも大きな救いとなるはずです。

普段の生活のなかで、何か心が乱れるようなことがあったときに、まずは落ち着いて念仏を唱えることです。そうすることで、妨げのないすっきりした心持ちになってみると、気を楽にして生きることができるのではないでしょうか。

なぞる

書いて心に刻みましょう！

一　念仏者は無礙の一道なり。そのいはれいかん

一　念仏者は無礙の一道なり。そのいはれいかん

とならば、信心の行者には、天神・地祇も敬伏し、

とならば、信心の行者には、天神・地祇も敬伏し、

魔界・外道も障礙することなし。罪悪も業報を感

魔界・外道も障礙することなし。罪悪も業報を感

ずることあたはず、諸善もおよぶことなきゆゑなりと云々。

ずることあたはず、諸善もおよぶことなきゆゑなりと云々。

第八条

念仏は修行でも善行でもない

（念仏は行者のために）

念仏は阿弥陀仏の働きかけによる他力の行であり、自力ではない

音読

声に出して読みましょう！

一　念仏《ねんぶつ》は行者《ぎょうじゃ》のために、非行《ひぎょう》・非善《ひぜん》なり。

訳　念仏は、それを唱える者にとっては、修行でもなく善行でもありません。

わがはからひ《い》にて行《ぎょう》ずるにあらざれば、非行《ひぎょう》といふ《う》。

訳　念仏は自分の考えで行うことではないので、修行ではありません。

わがはからひ《い》にてつくる善《ぜん》にもあらざれば、非善《ひぜん》といふ《う》。

訳　また、念仏は、自分で努力して修めた善でもないので、善行とはいえません。

ひとへ《え》に他力《たりき》にして、自力《じりき》をはなれたるゆゑ《え》に、行者《ぎょうじゃ》のためには、非行《ひぎょう》・非善《ひぜん》なりと云々《うんぬん》。

訳　念仏は、ひとえに阿弥陀仏の他力本願の働きによるもので、自力を超越しているので、それを唱える者にとっては、修行でもなく、善行でもないのです。このように親鸞聖人は仰せになりました。

※【行者】
念仏を唱える人。信心の行者。

※【非行・非善】
行（修行）でも善（功徳）でもないこと。仏に近づくために念仏を唱えるわけでもなければ、功徳を積むために念仏を唱えるわけでもない。

ワンポイントアドバイス

念仏とは、阿弥陀仏の本願によって唱えられている

念仏は自分の努力によって修行するものではないので、「非行」であり、自分の力で善い行いをしているのではないので、「非善」である、と親鸞は説いています。ここでも「ひとえに他力である」と言うことです。

その反対は、自分のしていることは、あくまでも善なる行いを積んでいくことによって救われるという「自力」の考え方です。

念仏は、そのような修行や善行を努力して積んでいくことではありません。念仏は「自分のはからいで行うものではない」のです。

念仏を唱えるのはあくまでもその人自身ですが、ただ阿弥陀仏に導かれて唱えているに過ぎません。それは「自分」というものから離れて、ただ念仏という行いだけある、という状態です。

生きとし生けるものすべてを救いたい、と思うのが阿弥陀仏の本願の働きによるものなのです。そのおかげで、自分のはからいや自分の意志ではなく、念仏を唱えられることこそ、他力にほかならないと親鸞は述べています。

「天」によってなされたことであり、自分が考えてしたことではない

ワンポイントアドバイス

　すべては阿弥陀仏のはからい、と言われても、そこまで信じられない人もいます。

阿弥陀仏のかわりに「天の助け」「天の恵み」と考えると良いでしょう。「天の大きなはからい」によって、今の自分は存在している、と捉えるほうが分かりやすいと思います。

　たとえば、「あの人にあんなに良くしてあげたのに、感謝しないのはどういうことだ」と怒りがこみ上げたとしましょう。このような場合、「自分が相手にした行いは、自分の意思ではなく、天のはからいだったのだ」と思ってみるのです。

　すると相手を「恩知らず」と怒る気持ちがなくなるのではないでしょうか。私たちはつい「自分はこんなに一生懸命やっているのに」と思ってしまいがちです。これはいわゆる「自力の行」です。それゆえに、自分の行いが評価されないと不満に思ってしまうのです。

　しかし、たとえ自分の行いに対しても、「これはすべて天のなせる業であり、阿弥陀仏のはからいなのだ」と思えば、怒りや不安な気持ちは消え、心安らかになれるのです。

なぞる

書いて心に刻みましょう！

一　念仏は行者のために、非行・非善なり。わが

一　念仏は行者のために、非行・非善なり。わが

はからひにて行ずるにあらざれば、非行といふ。

はからひにて行ずるにあらざれば、非行といふ。

わがはからひにてつくる善にもあらざれば、非善

わがはからひにてつくる善にもあらざれば、非善

といふ。ひとへに他力にして、自力をはなれたる

といふ。ひとへに他力にして、自力をはなれたる

ゆゑに、行者のためには、非行・非善なりと云々。

ゆゑに、行者のためには、非行・非善なりと云々。

第九条

煩悩ゆえに往生は間違いない

（念仏申し候へども）

阿弥陀さまは煩悩から逃れられない私たちを救おうと願われた

音読 声に出して読みましょう！

一　念仏申《ねんぶつもう》し候《そうら》へ《え》ども、踊躍歓喜《ゆやくかんぎ》のこころおろそかに候《そうろ》ふ《う》こと、またいそぎ浄土《じょうど》へまゐ《い》りたきこころの候《そうら》は《わ》ぬは、いかにと候《そうろ》ふ《う》べきことにて候《そうろ》ふ《う》やらんと、申《もう》しいれて候《そうら》ひ《い》しかば、親鸞《しんらん》もこの不審《ふしん》ありつるに、唯円房《ゆいえんぼう》おなじこころにてありけり。

訳

「念仏をしておりましても、躍り上がるほど喜びの心がありません。また、少しでも早く浄土に往生したいという心もそれほど起こってこないのは一体どういうことでしょうか」と、弟子の私（唯円）が親鸞聖人にお尋ねしました。すると親鸞は、「私も同じような疑問をいだいていたことがありましたが、唯円よ、あなたも同じ気持ちだったのですね」と言われて、次のように仰せになりました。

よくよく案《あん》じみれば、天《てん》にを《お》どり地《ち》にを《お》どるほどによろこぶべきことをよろこばぬにて、いよいよ往生《おうじょう》は一定《いちじょう》とおもひ《い》たまふ《う》なり。

※【踊躍歓喜】躍り上がって喜ぶこと。

訳

よくよく考えてみると、天に踊り、地を踏んで踊りあがるほどに喜んで良いはずなのに喜べないのは、ますます間違いなく浄土に往生させていただけるしるしであると思うのです。

よろこぶべきこころをおさへ《え》てよろこばざるは、煩悩《ぼんのう》の所為《しょい》なり。

訳

往生を喜ぼうとする心をおさえて、喜べないように仕向けたのは、煩悩の仕業なのです。

しかるに仏《ぶつ》かねてしろしめして、煩悩具足《ぼんのうぐそく》の凡夫《ぼんぶ》と仰《おお》せられたることなれば、他力《たりき》の悲願《ひがん》は、かくのごとし、われらがためなりけりとしられて、いよいよたのもしくおぼゆるなり。

訳

しかし、阿弥陀仏は、そのような私たちであることを初めから知っておられて、「煩悩から逃れることのできない愚かな者たちよ」と仰せになっているのですから、阿弥陀仏の本願は、このような私たちを救うために、大いなる慈悲の心で起こされたのだと気づかされ、ますます頼もしく思えます。

※【煩悩具足の凡夫】
欲も多く、怒りや腹立ち、嫉み、妬みの多い人間のありさま。凡夫は聖人の対比の存在で、煩悩にとらわれ、迷いのある生活を送る人々。

※【悲願】
衆生を救わずにはおかないという阿弥陀仏の慈悲の願い。

また浄土《じょうど》へいそぎまゐ《い》りたきこころのなくて、いささか所労《しょろう》のこともあれば、死《し》なんずるやらんとこころぼそくおぼゆることも、煩悩《ぼんのう》の所為《しょい》なり。

訳

また、早く浄土に往生したいという心が起こらず、病気がちになったりすると、死んでしまうのではないだろうかと、心細く思うのも煩悩の仕業です。

久遠劫《くおんごう》よりいままで流転《るてん》せる苦悩《くのう》の旧里《きゅうり》はすてがたく、いまだ生《うま》れざる安養浄土《あんにょうじょうど》はこひ《い》しからず候《そうろう》ふこと、まことによくよく煩悩《ぼんのう》の興盛《こうじょう》に候《そうろう》ふにこそ。

訳

果てしなく遠い昔からいままで、生まれ変わり死に変わりし続けてきた、苦悩に満ちた迷いの世を捨てがたく、いまだ往生したことのない安らかな浄土に心惹かれないのは、私たちはよくよく煩悩が盛んであるからなのでしょう。

※【煩悩具足】苦悩の原因である欲望をすべて身に備えていること。

※【久遠劫】計り知れないほど遠い昔のこと。「劫」は無限に近い時間のこと。

※【苦悩の旧里】苦しみや悩みが絶えない現世のこと。

※【安養浄土】心を安らかに保ち、心を養う正常な地の意。極楽浄土。

なごりを《お》しくおもへ《え》ども、娑婆《しゃば》の縁《えん》尽《つ》きて、ちからなくしてを《お》は《わ》るときに、かの土《ど》へはまゐ《い》るべきなり。

訳

なごり惜しく思えども、この世の縁がつきて、力なくして終えるときに、浄土に往生させていただけば良いのです。

いそぎまゐ《い》りたきこころなきものを、ことにあは《わ》れみたまふ《う》なり。

訳

早く浄土に往生したいという心のない人を、阿弥陀仏はとくに哀れに思ってくださるのです。

これにつけてこそ、いよいよ大《だい》悲《ひ》大《だい》願《がん》はたのもしく、往生《おうじょう》は決定《けつじょう》と存《ぞん》じ候《そうら》へ《え》。

訳

このようなわけですから、阿弥陀仏の大いなる慈悲の心で起こされた本願は、いよいよ頼もしく、また、浄土に往生させていただくことは確かであると思います。

※【娑婆】いろいろな衆生が住み、さまざまな苦難に耐え忍んで生きなければならないこの世のこと。

踊躍歓喜《ゆやくかんぎ》のこころもあり、いそぎ浄土《じょうど》へもまゐ《い》りたく候《そうら》は《わ》んには、煩悩《ぼんのう》のなきやらんと、あやしく候《そうら》ひ《い》なましと云々《うんぬん》。

訳

もし、念仏を申して、躍り上がるほどに喜ぶ心が湧き起こり、少しでも早く浄土に往生したいと思うようでしたら、私には煩悩がないのだろうかと、かえって疑わしく思うことでしょう。このように親鸞聖人は仰せになりました。

ワンポイントアドバイス

弟子の悩みに、対等の立場で応じた親鸞はとても優れた指導者であった

弟子の唯円が親鸞に「念仏をしているのに、躍り上がるような喜びが湧いてこない。少しでも早く往生したいという気持ちも、起こってこないのは、どうしたらよいか」と、打ち明けて相談を持ちかけたというのは、子弟の関係が良いと伺い知ることができます。

同時に、親鸞がとても寛容で、親しみやすく対話しやすい人物であったこともわかります。

さらに、弟子の相談に対する親鸞の答えは、「じつは私も同じ疑問をもっていた。あなたも私と同じ心情だったのですね」と、実に温かく、人情味があふれたものでした。

この同士感覚が師として、指導者として、親鸞が優れたところだと言われているゆえんです。普通なら上から目線になるところを、あくまでも弟子と対等になって、親しく対応する。決して指導者ぶらないのです。

弟子の悩みに、対等の立場で応じた親鸞はとても優れた指導者であった

親鸞は「躍り上がるほど大喜びすることなどない、というほうが、むしろ往生間違いなしの証拠である」と述べています。この理由として、普通なら、「念仏を唱える

ワンポイントアドバイス

だけで極楽浄土に往生できる」と言われれば大喜びするところを、それができないところこそ、煩悩の仕業である」と親鸞は説いています。人は煩悩があるから、「もっと楽しい想いがしたい」など、この世に思いを残してしまうのです。

さらに、阿弥陀仏は最初から「煩悩の仕業」についてわかっていて、それ故に「あなたたちは煩悩のある凡夫なのだから、そう簡単に喜べないのは織り込み済みだ」と、おっしゃるのです。

このように、煩悩が盛んで、早く浄土に往生したいという気持ちが起こらない私たちを阿弥陀仏は哀れに思って、救ってくださるのです。

むしろ逆に「早く浄土に往生したい」と言う者がいたら、「煩悩など一つもない人は信じられない」と、阿弥陀仏は思われてしまうのです。

この部分は、親鸞が「人間というものの本質」を見抜いている感じがします。

なぞる

書いて心に刻みましょう！

一　念仏申し候へども、踊躍歓喜のこころおろそ
一　念仏申し候へども、踊躍歓喜のこころおろそ
かに候ふこと、またいそぎ浄土へまゐりたきここ
かに候ふこと、またいそぎ浄土へまゐりたきここ
ろの候はぬは、いかにと候ふべきことにて候ふや
ろの候はぬは、いかにと候ふべきことにて候ふや

らんと、申しいれて候ひしかば、親鸞もこの不審
らんと、申しいれて候ひしかば、親鸞もこの不審

ありつるに、唯円房おなじこころにてありけり。
ありつるに、唯円房おなじこころにてありけり。

よくよく案じみれば、天にをどり地にをどるほど
よくよく案じみれば、天にをどり地にをどるほど

によろこぶべきことをよろこばぬにて、いよいよ
によろこぶべきことをよろこばぬにて、いよいよ

往生は一定とおもひたまふなり。よろこぶべきこ
往生は一定とおもひたまふなり。よろこぶべきこ
ころをおさへてよろこばざるは、煩悩の所為なり。
ころをおさへてよろこばざるは、煩悩の所為なり。
しかるに仏かねてしろしめして、煩悩具足の凡夫
しかるに仏かねてしろしめして、煩悩具足の凡夫
と仰せられたることなれば、他力の悲願はかくの
と仰せられたることなれば、他力の悲願はかくの

ごとし、われらがためなりけりとしられて、いよ
ごとし、われらがためなりけりとしられて、いよ

いよたのもしくおぼゆるなり。また浄土へいそぎ
いよたのもしくおぼゆるなり。また浄土へいそぎ

まゐりたきこころのなくて、いささか所労のこと
まゐりたきこころのなくて、いささか所労のこと

もあれば、死なんずるやらんとこころぼそくおぼ
もあれば、死なんずるやらんとこころぼそくおぼ

ゆることも、煩悩の所為なり。久遠劫よりいまま

ゆることも、煩悩の所為なり。久遠劫よりいまま

で流転せる苦悩の旧里はすてがたく、いまだ生れ

で流転せる苦悩の旧里はすてがたく、いまだ生れ

ざる安養浄土はこひしからず候ふこと、まことに

ざる安養浄土はこひしからず候ふこと、まことに

よくよく煩悩の興盛に候ふにこそ。なごりをしく

よくよく煩悩の興盛に候ふにこそ。なごりをしく

おもへども、娑婆の縁尽きて、ちからなくしてを
おもへども、娑婆の縁尽きて、ちからなくしてを

はるときに、かの土へはまゐるべきなり。いそぎ
はるときに、かの土へはまゐるべきなり。いそぎ

まゐりたきこころなきものを、ことにあはれみた
まゐりたきこころなきものを、ことにあはれみた

まふなり。これにつけてこそ、いよいよ大悲大願
まふなり。これにつけてこそ、いよいよ大悲大願

はたのもしく、往生は決定と存じ候へ。踊躍歓喜
はたのもしく、往生は決定と存じ候へ。踊躍歓喜

のこころもあり、いそぎ浄土へもまゐりたく候は
のこころもあり、いそぎ浄土へもまゐりたく候は

んには、煩悩のなきやらんと、あやしく候ひなま
んには、煩悩のなきやらんと、あやしく候ひなま

しと云々。
しと云々。

第十条

念仏は自力を超えた不思議なもの

（念仏には無義をもって義とす）

念仏は人の思慮や分別を超えて
言葉で言い表せない不思議なもの

音読

声に出して読みましょう！

一 念仏《ねんぶつ》には無義《むぎ》をもって義《ぎ》とす。

訳

他力の念仏においては、自分勝手な意味をもたらしてはいけません。

不可称《ふかしょう》不可説《ふかせつ》不可思議《ふかしぎ》のゆゑ《え》にと仰《おお》せ候《そうら》ひ《い》き。

訳

なぜなら念仏は、私たちの分別や思慮を超えたものであり、口で言うことも、言葉で表すこともできず、心で思いはかることもできない不思議なものだからです。そのように親鸞聖人は仰せになりました。

そもそも、かの御在生《ございしょう》のむかし、おなじくこころざしをして、あゆみを遼遠《りょうえん》の洛陽《らくよう》にはげまし、信《しん》をひとつにして、心《こころ》を当来《とうらい》の報土《ほうど》にかけしともがらは、同時《どうじ》に御意趣《ごいしゅ》をうけたまはり《わ》しかども、そのひとびとにともなひ《い》て念仏申《ねんぶつもう》さるる老若《ろうにゃく》、そのかずをしらずおはし《わ》ますなかに、

※【無義】思いはかれないこと。人間の判断力を超えていること。

※【義】他力の本当の意味。正しい理解。

※【不可称】口で褒めることができないこと。

※【不可説】言葉で説明することができないこと。

※【不可思議】人の思いを超えた、心ではかることができないこと。

※【御意趣】親鸞聖人の真実の信心についての考え。

上人《しょうにん》の仰《おお》せにあらざる異義《いぎ》どもを、近来《きんらい》はおほ《お》く仰《おお》せられあうて候《そうろう》ふよし、伝《つた》へ《え》うけたまは《わ》る。

訳

昔、親鸞聖人がおいでになったころに、同じ志を抱いて、東の国から京都まではるばる足を運び、同じ信心をもって浄土にまいらせていただくことを願う人々は、ともに親鸞聖人のお心を伺ったものです。それらの人々に導かれて念仏を唱える者は、老若数えきれないほどたくさんいますが、近頃では聖人の教えと異なることをさまざまに主張する者が多くいることを、伝え聞いています。

いわれなき条々《じょうじょう》の子細《しさい》のこと。

訳

それらのいわれなき考えの一つひとつにおいて、以下に詳しく述べることにします。

ワンポイントアドバイス

言葉で表せず、心で思いはかることもできない不可思議なこと

第十条も親鸞の念仏についての言葉を述べています。まずは「念仏には無義をもって義とす」というのは「念仏は、人間の判断力を超えているので、自分で思いはからうことができない」という意味です。

これは、念仏には自力によるはからいを混じえないこと。自分で勝手に意味づけをしてはならない、ということです。なぜなら、念仏は口でたたえることも、言葉で説明することも、心で思いはからうこともできないからです。

私たちはつい、理性ですべてのものを理解できる、説明できると思いがちです。しかしながら、実際にいろいろなことが起こってみると、理屈では説明できないことがいろいろ出てきます。

たとえば、自分が生まれてくるのがいつの時代で、どの国であるか、だれの子として生まれてくるかなどは、自分ではどうしようもできません。いわゆる、自分のはからいの外にあることだからです。

これは偶然としかいいようのない、「縁」というものなのです。念仏はこのように論理的に説明できないということも、自然に納得できるのではないでしょうか。

この第十条までが『歎異抄』のうち、親鸞自身が語り聞かせたことを記述した部分になります。

第十一条以降では親鸞聖人が、本当に伝えたかったことをお話しします

第十条の後半は、第十一条以降の序文にあたる内容です。「親鸞聖人がまだ存命していたころに、同じ信心をもち、浄土に往生することを願い、聖人のお言葉をしっかり受け取っていた人たちがたくさんいました。その後、老いも若きも信者が増えていくと、親鸞聖人の教えと異なる、いろいろな考え方が出てきてしまいました。そうした誤った考え方について、第十一条以降でいろいろ注意して、親鸞聖人が本当に伝えたかった真意をお話ししていきます」ということをここでは述べています。

なぞる

書いて心に刻みましょう！

一念仏には無義をもつて義とす。不可称不可説

一念仏には無義をもつて義とす。不可称不可説

不可思議のゆゑにと仰せ候ひき。

不可思議のゆゑにと仰せ候ひき。

そもそも、かの御在生のむかし、おなじくここ

そもそも、かの御在生のむかし、おなじくここ

ろざしをして、あゆみを遼遠の洛陽にはげまし、
ろざしをして、あゆみを遼遠の洛陽にはげまし、

信をひとつにして、心を当来の報土にかけしとも
信をひとつにして、心を当来の報土にかけしとも

がらは、同時に御意趣をうけたまはりしかども、
がらは、同時に御意趣をうけたまはりしかども、

そのひとびとにともなひて念仏申さるる老若、そ
そのひとびとにともなひて念仏申さるる老若、そ

のかずをしらずおはしますなかに、上人の仰せに
のかずをしらずおはしますなかに、上人の仰せに
あらざる異義どもを、近来はおほく仰せられあう
あらざる異義どもを、近来はおほく仰せられあう
て候ふよし、伝へうけたまはる。いわれなき条々
て候ふよし、伝へうけたまはる。いわれなき条々
の子細のこと。
の子細のこと。

第十一条

自分のために念仏する人も浄土で往生できる

（一文不通のともがらの）

誓願の不思議も、名号の不思議も同じものである

音読　声に出して読みましょう！

一　一文不通《いちもんふつう》のともがらの念仏申《ねんぶつもう》すにあう《お》て、「なんぢは誓願不思議《せいがんふしぎ》を信《しん》じて念仏申《ねんぶつもう》すか、また名号不思議《みょうごうふしぎ》を信《しん》ずるか」といひ《い》おどろかして、ふたつの不思議《ふしぎ》を子細《しさい》をも分明《ぶんみょう》にいひ《い》ひらかずして、ひとのこころをまどは《わ》すこと。この条《じょう》、かへ《え》すがへ《え》すもこころをとどめて、おもひ《い》わくべきことなり。

訳

文字の一つも読めない人が念仏しているのを見て、「あなたは阿弥陀仏の誓願の不思議を信じて念仏しているのですか？　それとも名号の不思議な力を信じて念仏しているのですか？」と言って、その人を驚かせて、しかも、この二つの不思議がどういうものであるかをはっきりと説き明かすこともなく、人の心を迷わせる人がいます。このことはくれぐれも注意して考えなければなりません。

※【誓願不思議】我々を救おうとする願いの不思議な働き。

※【名号不思議】名号とは「南無阿弥陀仏」のこと。仏の名を唱える功徳の不思議な働きのこと。

誓願《せいがん》の不思議《ふしぎ》によりて、やすくたもち、となへ《え》やすき名号《みょうごう》を案じいだしたまひて、この名字《みょうじ》をとなへ《え》んものをむかへ《え》とらんと御約束《おんやくそく》あることとなれば、まづ弥陀《みだ》の大悲大願《だいひだいがん》の不思議《ふしぎ》にたすけられまゐ《い》らせて、生死《しょうじ》を出《い》づべしと信《しん》じて、念仏《ねんぶつ》の申《もう》さるるも如来《にょらい》の御《おん》はからひ《い》なりとおもへ《え》ば、すこしもみづ《ず》からのはからひ《い》まじは《わ》らざるがゆゑ《え》に、本願《ほんがん》に相応《そうおう》して、実報土《じっぽうど》に往生《おうじょう》するなり。

※【名字】名号のこと。

※【実報土】真実報土の略。極楽浄土のこと。

訳

阿弥陀仏は命あるものすべてを救うという誓願を立てられ、誰でも覚えやすく、唱えやすい「南無阿弥陀仏」という名号を考え出され、この名号を唱えるものを浄土に迎えて救いとろうと約束されました。

まずは第一に、阿弥陀仏の大いなる慈悲の心で起こされた誓願の不思議な働きに助けられて、この迷いの世界を離れることができると信じて、念仏を唱えるのも、これまた阿弥陀仏のはからいであると思うと、そこには少しも自分の考えは混じっていませんから、それは阿弥陀仏の本願に叶うことであり、真実の浄土に往生することができるのです。

これは誓願《せいがん》の不思議《ふしぎ》をむねと信《しん》じたてまつれば、名号《みょうごう》の不思議《ふしぎ》も具足《ぐそく》して、誓願《せいがん》・名号《みょうごう》の不思議《ふしぎ》ひとつにして、さらに異《こと》なることなきなり。

訳

これは誓願の不思議な働きをひとえに信じれば、名号の不思議な働きも同時にそこに備わっているのであり、誓願と名号の不思議な働きは一体であり、決して異なるものではないと言うことです。

つぎにみづ《ず》からのはからひ《い》をさしはさみて、善悪《ぜんあく》のふたつにつきて、往生《おうじょう》のたすけ・さはり《わ》、二様《ふたよう》におもふ《う》は、誓願《せいがん》の不思議《ふしぎ》をばたのまずして、わがこころに往生《おうじょう》の業《ごう》をはげみて申《もう》すところの念仏《ねんぶつ》をも自行《じぎょう》になすなり。

訳

次に、自分勝手なはからいで、善事と悪事について、善い行いは往生の助けとなり、悪い行いは往生の妨げになると、二つに分けて考えるのは、誓願の不思議な働きを信じないで、自分勝手なはからいで往生しようと努め、唱える念仏をも、自力でする行としてすることになります。

※【具足】すべてが自然に備わっていること。

※【自行】自分の悟りのために自力でする修行。

このひとは、名号《みょうごう》の不思議《ふしぎ》をもまた信《しん》ぜざるなり。

訳

このような人は、名号のもつ不思議な働きをも信じていないのです。

信《しん》ぜざれども、辺地《へんじ》懈慢《けまん》・疑城《ぎじょう》胎宮《たいぐ》にも往生《おうじょう》して、果遂《かすい》の願《がん》のゆゑ《え》に、つひ《い》に報土《ほうど》に生《しょう》ずるは、名号《みょうごう》不思議《ふしぎ》のちからなり。

訳

しかし、このように信じてはいないけれど、またその人の念仏が自力であっても、阿弥陀仏のはからいで辺地・懈慢界・疑城・胎宮と言われる仮の浄土に往生し、ついには弥陀の誓願によって、真実の浄土に生まれさせていただけます。それは名号の不思議な働きによるのです。

これすなはち《わ》、誓願《せいがん》不思議《ふしぎ》のゆゑ《え》なれば、ただひとつなるべし。

訳

それはまた、もともと誓願の不思議な働きによるものですから、誓願と名号の不思議な働きは、全く一つのものなのです。

※【辺地】
他力本願を信じない自力にたよるものが生まれる、真実の浄土の片ほとりにある仮の浄土。

※【懈慢】
おごる心で仏智を疑い、極楽往生の願いを自力で達成しようとする者が生まれる世界。

※【疑城】
本願に疑いをはさむ者が生まれるところ。

※【胎宮】
仏智を疑うために胎児のように光明を仰ぐことのできない者が生まれるところ。

※【果遂の願】
果遂とは、はたしとげること。自力の人を真実の浄土に生まれさせようとする、阿弥陀仏四十八願中の第二十願のこと。

ワンポイントアドバイス

誓願の不思議な働きを信じれば名号の不思議もそなわってくる

第十一条では、冒頭から「阿弥陀仏の誓願の不思議な働きと、名号の不思議の働きのどちらを信じているのか、問いただしてくるような人には気をつけなさい」と注意をしています。

ここで一番言いたいのは「誓願の不思議にも名号の不思議にも何も違いはない」と言うことです。

本当は、阿弥陀仏が、生きとし生ける者すべてを救おうとして誓願の不思議な働きをもって、誰でもが唱えやすい「南無阿弥陀仏」の名号を考えてくださったのです。

誓願と名号の不思議な働きは違うものではなく、一体になったものです。なので、誓願の不思議な働きを信じて念仏と名号を唱えれば不思議な働きも同時に備わっていることを伝えています。

よって、「どちらを信じているのか?」などと惑わすようなことを言う人のことは、相手にしなくてよい、というアドバイスになっています。

善行は往生し、悪業は往生の妨げになると考えるのは自力にたよる誤りである

一般に子どもの頃から「善い行いをすると極楽浄土へ往生できるが、悪い行いをすると地獄へ落ちる」と信じている人が多いものです。しかし、このように区別して

考えて、自分のはからいで念仏を唱える人は、自力で極楽浄土に往生しようとするもので、このような自力の考えによる人たちは、誓願と名号の不思議な働きのどちらも、信じていないことになる、と親鸞は戒めています。

ところが一方で、阿弥陀仏は「方便の浄土」という仮の浄土に往生させてくれるといいます。自力で修行する者を真実の浄土へ導く目的でつくられたものです。

これもまた、阿弥陀仏の誓願の不思議な働きであり、また名号の不思議な働きによるものなのです。あくまでも、自分のはからいで念仏を唱えて往生しようという、自力の行いにとらわれてしまわないためのメッセージが込められています。

とくに情報過多な現代では、「この教えだけを信じなさい」「このルートだけが正しい」という導きは正しいどころか、間違った方向へ人々を誘導しかねません。いろいろな考え方の人々を認め、段階的に真の極楽浄土へ導く阿弥陀仏の教えは、いまの時代にこそ求められるものかもしれません。

なぞる

書いて心に刻みましょう！

一一文不通のともがらの念仏申すにあうて、「な
一一文不通のともがらの念仏申すにあうて、「な
んぢは誓願不思議を信じて念仏申すか、また名号
んぢは誓願不思議を信じて念仏申すか、また名号
不思議を信ずるか」といひおどろかして、ふたつ
不思議を信ずるか」といひおどろかして、ふたつ

の不思議を子細をも分明にいひひらかずして、ひ
の不思議を子細をも分明にいひひらかずして、ひ

とのこころをまどわすこと。この条、かへすがへ
とのこころをまどわすこと。この条、かへすがへ

すもこころをとどめて、おもひわくべきことなり。
すもこころをとどめて、おもひわくべきことなり。

誓願の不思議によりて、やすくたもち、となへ
誓願の不思議によりて、やすくたもち、となへ

やすき名号を案じいだしたまひて、この名字をと
やすき名号を案じいだしたまひて、この名字をと

なへんものをむかへとらんと御約束あることなれ
なへんものをむかへとらんと御約束あることなれ

ば、まづ弥陀の大悲大願の不思議にたすけられま
ば、まづ弥陀の大悲大願の不思議にたすけられま

ゐらせて、生死を出づべしと信じて、念仏の申さ
ゐらせて、生死を出づべしと信じて、念仏の申さ

るるも如来の御はからひなりとおもへば、すこし
るるも如来の御はからひなりとおもへば、すこし

もみづからのはからひまじはらざるがゆゑに、本
もみづからのはからひまじはらざるがゆゑに、本

願に相応して、実報土に往生するなり。これは誓
願に相応して、実報土に往生するなり。これは誓

願の不思議をむねと信じたてまつれば、名号の不
願の不思議をむねと信じたてまつれば、名号の不

思議も具足して、誓願・名号の不思議ひとつにし
思議も具足して、誓願・名号の不思議ひとつにし

て、さらに異なることなきなり。つぎにみづから
て、さらに異なることなきなり。つぎにみづから

のはからひをさしはさみて、善悪のふたつにつき
のはからひをさしはさみて、善悪のふたつにつき

て、往生のたすけ・さはり、二様におもふは、誓
て、往生のたすけ・さはり、二様におもふは、誓

願の不思議をばたのまずして、わがこころに往生

願の不思議をばたのまずして、わがこころに往生

の業をはげみて申すところの念仏をも自行になす

の業をはげみて申すところの念仏をも自行になす

なり。このひとは、名号の不思議をもまた信ぜざ

なり。このひとは、名号の不思議をもまた信ぜざ

るなり。信ぜざれども、辺地懈慢・疑城胎宮にも

るなり。信ぜざれども、辺地懈慢・疑城胎宮にも

往生して、果遂の願のゆゑに、つひに報土に生ず
往生して、果遂の願のゆゑに、つひに報土に生ず

るは、名号不思議のちからなり。これすなはち、
るは、名号不思議のちからなり。これすなはち、

誓願不思議のゆゑなれば、ただひとつなるべし。
誓願不思議のゆゑなれば、ただひとつなるべし。

第十二条

念仏を唱えるのに学問は必要ない

（経釈をよみ学せざるともがら）

学問をしなくても、
念仏をすれば浄土に往生できる

音読

声に出して読みましょう!

一　経釈《きょうしゃく》をよみ学《がく》せざるともがら、往生不定《おうじょうふじょう》のよしのこと。この条《じょう》、すこぶる不足言《ふそくごん》の義《ぎ》といひ《い》つべし。

訳

念仏を唱えても、経典や注釈書を読んだり学んだりすることのない人々は、浄土に往生できるかどうか分からない、ということについて、このことは、論じるまでもない誤った考え方であると言えます。

他力真実《たりきしんじつ》のむねをあかせるもろもろの正教《しょうぎょう》は、本願《ほんがん》を信《しん》じ念仏《ねんぶつ》を申《もう》さば仏《ぶつ》に成《な》る。そのほか、なにの学問《がくもん》かは往生《おうじょう》の要《よう》なるべきや。

訳

阿弥陀仏の本願他力の真実の教えを説き明かしたさまざまな書物には、本願を信じて念仏する者は、必ず救われて仏になるということを明らかにしています。浄土に往生するためには、ほかにどのような学問も必要としません。

※【経釈】
仏の説法を記録した経典とその注釈書。

※【往生不定】
往生できるかどうか、定かでないこと。

※【不足言の義】
論じるに足りないつまらない論理。

まことに、このことわりに迷《まよ》へ《え》らんひとは、いかにもいかにも学問《がくもん》して、本願《ほんがん》のむねをしるべきなり。

訳
本当のことが分からないで迷っている人は、どのように学問をしてでも、本願の心を知るべきです。

経釈《きょうしゃく》をよみ学《がく》すといへども、聖教《しょうぎょう》の本意《ほんい》をこころえざる条《じょう》、もっとも不便《ふびん》のことなり。

訳
いくら経典や注釈書を読んで学んでも、その聖教の本意が分からないようでは、まことに気の毒なことです

一文不通《いちもんふつう》にして、経釈《きょうしゃく》の往《ゆ》く路《じ》もしらざらんひとの、となへ《え》やすからんための名号《みょうごう》におはし《わ》ますゆゑ《え》に、易行《いぎょう》といふ《う》。

訳
文字の一つも読めず、経典の道筋が理解できない人が唱えやすいようにと「南無阿弥陀仏」の名号が選ばれたのですから、念仏を唱えて救われる浄土門を易行と言うのです。

※【聖教】正教に同じ。仏教の経典や高僧などの教えを記したもの。
※【本意】根本の意味。
※【不便】不憫と同じ意味。

学問《がくもん》をむねとするは聖道門《しょうどうもん》なり、難行《なんぎょう》となづ《ず》く。

訳

学問を重視するのは聖道門であり、難行と言います。

あやまって学問《がくもん》して名聞《みょうもん》・利養《りよう》のおもひ《い》に住《じゅう》するひと、順次《じゅんじ》の往生《おうじょう》、いかがあらんずらんといふ証文《しょうもん》も候《そうろう》ふ《う》べきや。

訳

学問をしても、それが名誉や利益を求めるためであると誤った考えをもっている人は、この世の命を終えて浄土に往生することができるかどうか疑わしいと言うことです。

そのことを明らかにされた親鸞聖人の証文も残っています。

当時《とうじ》、専修念仏《せんじゅねんぶつ》のひとと聖道門《しょうどうもん》のひと、法論《ほうろん》をくは《わ》だてて、「わが宗《しゅう》こそすぐれたれ、ひとの宗《しゅう》はおとりなり」といふ《う》ほどに、法敵《ほうてき》も出《い》できたり、謗法《ほうぼう》もおこる。

※【聖道門】自力の修行によって、この世で悟りを開くことを目指す教え。

※【名聞・利養のおもひ】名誉欲や物欲。

※【順次の往生】この世の生を終えて極楽浄土に生まれること。

※【証文】証拠となる文章。

※【法論】仏法の教理についての論争。

※【法敵】正しい本願念仏の教えに敵対するもの。

※【謗法】正しい仏法の教えをそしること。

訳

この頃は、もっぱら念仏の道を歩む他力浄土門の人と、自力聖道門の人が、教義について議論し、「私の信じる教えこそが優れてる。あなたの信じる教えは劣っている」などと言い争っているために、仏の教えを敵視する人が現れたり、それを非難すると言うようなことも起こるのです。

これしかしながら、みづ《ず》からわが法《ほう》を破謗《はほう》するにあらずや。

訳

このようなことは、自分の信じる仏の教えをそしり、滅ぼすことになるのではないでしょうか。

たとひ《い》諸門《しょもん》こぞりて、「念仏《ねんぶつ》はかひ《い》なきひとのためなり、その宗《しゅう》あさし、いやし」といふ《う》とも、さらにあらそはず《わ》して、「われらがごとく下根《げこん》の凡夫《ぼんぶ》、一文不通《いちもんふつう》のものの、信《しん》ずればたすかるよし、うけたまはり《わ》て信《しん》じ候《そうら》へ《え》ば、さらに上根《じょうこん》のひとのためにはいやしくとも、われらがためには最《さい》上《じょう》の法《ほう》にてまします。たとひ《い》自余《じよ》の教法《きょうぼう》すぐれ

※【諸門】念仏以外の教えを説く宗派。

※【下根の凡夫】仏道に励む能力の劣った人。

※【上根】下根の反対。自分で修行に励む能力に恵まれた人。

※【自余の教法】念仏以外の教え。

たりとも、みづ《ず》からがためには器量《きりょう》およばざれば、つとめがたし。われもひとも、生死《しょうじ》をはなれんことこそ、諸仏《しょぶつ》の御本意《ごほんい》にておはしませば、御《おん》さまたげあるべからず」とて、にくい気《げ》せずは、たれのひとかありて、あだをなすべきや。

訳

たとえ他の宗派の人たちが口をそろえて、「念仏はつまらぬ人のためのものであり、その教えは浅薄で低級である」と言っても、けっして言い争うことなく、「私どものように自ら悟る力のない愚かな者でも、文字の一つも読めない無学の者でも、阿弥陀仏の本願を信じて念仏するだけで救われると言うことをお聞かせいただいて、そのように信じておりますので、あなたがたのように優れているお方にはつまらない教えであっても、私どもにとっては、この上ない素晴らしい教えなのです。

たとえ他に優れた教えがあっても、私にとってはとうてい力が及びませんので、修行をすることができません。私もあなたもすべての人が迷いの世界を離れることこそ、仏のお心ですから、私が念仏するのを妨げないでください」と言って、相手の気に障るような態度をとらなければ、誰も念仏の妨げをする人などいないでしょう。

かつは諍論《じょうろん》のところにはもろもろの煩悩《ぼんのう》おこる、智者遠離《ちしゃおんり》すべきよしの証文候《しょうもんそうろう》ふにこそ。

訳

もしも、そのようなときに言い争いをすれば、そこにはさまざまな煩悩が起こって収拾がつかなくなりますから、分別のある人はそのような論争の場からは遠く離れるべきであると言うことを諭された法然聖人の文書も残っています。

故聖人《こしょうにん》の仰《おお》せには、「この法《ほう》を信《しん》ずる衆生《しゅじょう》もあり、そしる衆生《しゅじょう》もあるべしと、仏説《ぶっと》きおかせたまひ《い》たることなれば、われはすでに信《しん》じたてまつる。またひとありてそしるにて、仏説《ぶっせつ》まことなりけりとしられ候《そうろう》ふ。

訳

いまは亡き親鸞聖人は、「この念仏の教えを信じる人もいれば、謗（そし）る人もいるだろうと、お釈迦さまも言っておられます。私はすでにこの念仏の教えを信じています。しかし、その一方で、念仏の教えを誇る人もいますので、お釈迦様の言われた言葉はまことであることがわかりました。

※【諍論】論争や言い争い。

※【仏説】仏の説かれた教え。

しかれば、往生《おうじょう》はいよいよ一定《いちじょう》とおもひ《い》たまふ《う》なり。

訳

だからこそ、往生はますます間違いないと思うのです。

あやまってそしるひとの候《そうら》は《わ》ざらんにこそ、いかに信《しん》ずるひとはあれども、そしるひとのなきやらんともおぼえ候《そうら》ひ《い》ぬべけれ。

訳

もし、念仏の教えを誹る人がいなかったなら、信じる人がいるのに、どうして誹る人はいないだろうかと不審に思うことでしょう。

かく申《もう》せばとて、かならずひとにそしられんとにはあらず。仏《ぶつ》の、かねて信謗《しんぼう》ともにあるべきむねをしろしめして、ひとの疑《うたがい》をあらせじと、説《と》きおかせたまふ《う》ことを申《もう》すなり」とこそ候《そうら》ひ《い》しか。

※【信謗】信じる人と非難する人。

訳

しかし、このように申し上げたからと言って、必ず人に謗られることを求めているのではありません。お釈迦様は、教えを広める際には、信じる人と謗る人がどちらもいることとあらかじめ承知しておられて、もし信じる人が謗られたからと言って、念仏の教えに疑いをもたないようにとの配慮から、そのようにお説きになったのだと言うことです」と（親鸞は）仰せになりました。

今《いま》の世《よ》には、学文《がくもん》してひとのそしりをやめ、ひとへに論義問答《ろんぎもんどう》むねとせんとかまへ《え》られ候《そうろ》ふ《う》にや。

訳

ところが、この頃は念仏をする人の中には、学問をして論理的な力を身につけ、他人が謗ることをやめさせるように、議論し問答することこそが大切だと思っておられる方がいるようです。

学問《がくもん》せば、いよいよ如来《にょらい》の御本意《ごほんい》をしり、悲願《ひがん》の広大《こうだい》のむねをも存知《ぞんじ》して、いやしからん身《み》にて往生《おうじょう》はいかがなんどあやぶまんひとにも、本願《ほんがん》には善悪《ぜんあく》・浄穢《じょうえ》なき趣《おもむき》をも説《と》ききかせられ候《そうら》は《わ》ばこそ、学生《がくしょう》のかひ《い》にても候《そうら》は《わ》め。

※【悲願の広大のむね】阿弥陀仏の衆生を救わずにはおけないという慈悲の願いの広大無辺な趣旨。

※【善悪・浄穢】善人と悪人、清らかな人と、穢れた人。

訳

学問をする者であれば、ますます深く阿弥陀仏のお心を知り、本願の広大な慈悲のほどを知って、自分のようなつまらない者は往生できないのではないかと心配している人にも、阿弥陀仏の本願は、善人か悪人か、心が清らかであるかないかと言うような、わけへだてをしないで、すべてを救ってくださると言うことを説き聞かせることこそ、学問をする者のつとめでしょう。

たまたまなにごころもなく、本願《ほんがん》に相応《そうおう》して念仏《ねんぶつ》するひとをも、学文《がくもん》してこそなんどいひ《い》おどさるること、法《ほう》の魔障《ましょう》なり、仏《ぶつ》の怨敵《おんてき》なり。

訳

それにも関わらず、たまたま阿弥陀仏の本願を素直に信じて念仏する人に、経典をよく学んでこそ往生することができるなどと言って脅すのは、念仏の教えを妨げる悪魔であり、仏に敵対する者のすることです。

みづ《ず》から他力《たりき》の信心《しんじん》かくるのみならず、あやまって他《た》を迷《まよわ》はさんとす。

訳

そのような人は、自分自身に他力の信心が欠けているだけでなく、誤って他の人をも迷わすものです。

※【法の魔障】仏法を妨げる悪魔の仕業（しわざ）。

つつしんでおそるべし、先師《せんし》の御《おん》こころにそむくことを。

訳

このように、浄土に往生するには学問が必要だなどと説くことは、親鸞聖人のお心に背くことですので、固く慎むべきです。

かねてあはれ《わ》むべし、弥陀《みだ》の本願《ほんがん》にあらざることを。

訳

これはまた、悲しむべきことです。阿弥陀仏の本願のお心に背いていることを。このように親鸞聖人は仰せになりました。

ワンポイントアドバイス

たとえ学びをしない普通の人でも本願を信じて念仏すれば仏になれる

念仏は、文字の読み書きも知らず、経典もよくわからないような人たちが唱えやすいように、阿弥陀仏が工夫されたものです。仏教には、文を読んだりして勉強しないと救われないなどと言うことは、全くありえないと説いています。

仏教の経典や高僧の教えを記した正教には、「阿弥陀仏の本願を信じて念仏する者は、必ず救われて仏になる」と書かれています。

それなのに「学問を精進してもこのような正教が教えている本意が理解できないようでは、何ともお気の毒なことだ」と、学問をしても、その真意がわからない人たちをあわれんでいます。とくに親鸞の時代は、読み書きができない人も多かったので、ごく普通の人たちでも間違いなく救われるように導いたとも言えるのです。自分で悟る力のない愚かな者でも、阿弥陀仏の本願を信じるだけで救われるのです。

学問をしない人は簡単に往生できるはずがない、と批判する人は相手にせずスルーしよう

当時、「南無阿弥陀仏」と唱えていれば、救われると素直に思っている人たちに、「ちゃんと学びもしない者が、そんな簡単に往生できるわけがない」と、嫌味を言う人がいたのでしょう。そのようなやり取りを目にした親鸞は、決して張り合ったりせずに、相手の発言を受け流すことの大切さを説いたのです。

もちろん学問をすることは悪いことではありません。でも、知識がある者だけが救われるわけではありません。学問をすることと、宗教的な心の救いや落ち着いた心というのは別ものなのです。

これは現世でも同じです。学歴マウントをとってくるような人（学歴をアピールして優位に立つ）は相手にしなくていいのです。

本来の学びというのは、大学のランクや成績の良し悪しでは測れません。親鸞はそのような小さな物差しで世の中の真理をとらえてはならない、と言うことも伝えたかったのだと思います。

なぞる

書いて心に刻みましょう！

一　経釈をよみ学せざるともがら、往生不定のよしのこと。この条、すこぶる不足言の義といひつべし。

一　経釈をよみ学せざるともがら、往生不定のよしのこと。この条、すこぶる不足言の義といひつべし。

他力真実のむねをあかせるもろもろの正教は、
他力真実のむねをあかせるもろもろの正教は、
本願を信じ念仏を申さば仏に成る。そのほか、な
本願を信じ念仏を申さば仏に成る。そのほか、な
にの学問かは往生の要なるべきや。まことに、こ
にの学問かは往生の要なるべきや。まことに、こ
のことわりに迷へらんひとは、いかにもいかにも
のことわりに迷へらんひとは、いかにもいかにも

学問して、本願のむねをしるべきなり。経釈を読

学問して、本願のむねをしるべきなり。経釈を読

み学すといへども、聖教の本意をこころえざる条、

み学すといへども、聖教の本意をこころえざる条、

もつとも不便のことなり。一文不通にして、経釈

もつとも不便のことなり。一文不通にして、経釈

の往く路もしらざらんひとの、となへやすからん

の往く路もしらざらんひとの、となへやすからん

ための名号におはしますゆゑに、易行といふ。学
ための名号におはしますゆゑに、易行といふ。学

問をむねとするは聖道門なり、難行となづく。あ
問をむねとするは聖道門なり、難行となづく。あ

やまつて学問して名聞・利養のおもひに住するひ
やまつて学問して名聞・利養のおもひに住するひ

と、順次の往生、いかがあらんずらんといふ証文
と、順次の往生、いかがあらんずらんといふ証文

も候ふべきや。当時、専修念仏のひとと聖道門の
ひと、法論をくはだてて、「わが宗こそすぐれた
れ、ひとの宗はおとりなり」といふほどに、法敵
も出できたり、謗法もおこる。これしかしながら、

も候ふべきや。当時、専修念仏のひとと聖道門の
ひと、法論をくはだてて、「わが宗こそすぐれた
れ、ひとの宗はおとりなり」といふほどに、法敵
も出できたり、謗法もおこる。これしかしながら、

みづからわが法を破謗するにあらずや。たとひ諸
みづからわが法を破謗するにあらずや。たとひ諸

門こぞりて、「念仏はかひなきひとのためなり、そ
門こぞりて、「念仏はかひなきひとのためなり、そ

の宗あさし、いやし」といふとも、さらにあらそ
の宗あさし、いやし」といふとも、さらにあらそ

はずして、「われらがごとく下根の凡夫、一文不通
はずして、「われらがごとく下根の凡夫、一文不通

のものの、信ずればたすかるよし、うけたまはり
のものの、信ずればたすかるよし、うけたまはり
て信じ候へば、さらに上根のひとのためにはいや
て信じ候へば、さらに上根のひとのためにはいや
しくとも、われらがためには最上の法にてましま
しくとも、われらがためには最上の法にてましま
す。たとひ自余の教法すぐれたりとも、みづから
す。たとひ自余の教法すぐれたりとも、みづから

がためには器量およばざれば、つとめがたし。わ
がためには器量およばざれば、つとめがたし。わ

れもひとも、生死をはなれんことこそ、諸仏の御
れもひとも、生死をはなれんことこそ、諸仏の御

本意にておはしませば、御さまたげあるべからず」
本意にておはしませば、御さまたげあるべからず」

とて、にくい気せずは、たれのひとかありて、あ
とて、にくい気せずは、たれのひとかありて、あ

だをなすべきや。かつは諍論のところにはもろも
だをなすべきや。かつは諍論のところにはもろも

ろの煩悩おこる、智者遠離すべきよしの証文候ふ
ろの煩悩おこる、智者遠離すべきよしの証文候ふ

にこそ。故聖人の仰せには、「この法をば信じる衆
にこそ。故聖人の仰せには、「この法をば信じる衆

生もあり、そしる衆生もあるべしと、仏説きおか
生もあり、そしる衆生もあるべしと、仏説きおか

せたまひたることなれば、われはすでに信じたて
せたまひたることなれば、われはすでに信じたて

まつる。またひとありてそしるにて、仏説まこと
まつる。またひとありてそしるにて、仏説まこと

なりけりとしられ候ふ。しかれば、往生はいよい
なりけりとしられ候ふ。しかれば、往生はいよい

よ一定とおもひたまふなり。あやまつてそしるひ
よ一定とおもひたまふなり。あやまつてそしるひ

との候はざらんにこそ、いかに信ずるひとはあれ
との候はざらんにこそ、いかに信ずるひとはあれ
ども、そしるひとのなきやらんともおぼえ候ひぬ
ども、そしるひとのなきやらんともおぼえ候ひぬ
べけれ。かく申せばとて、かならずひとにそしら
べけれ。かく申せばとて、かならずひとにそしら
れんとにはあらず。仏の、かねて信謗ともにある
れんとにはあらず。仏の、かねて信謗ともにある

べきむねをしろしめして、ひとの疑いをあらせじ
べきむねをしろしめして、ひとの疑いをあらせじ

と、説きおかせたまふことを申すなり」とこそ候
と、説きおかせたまふことを申すなり」とこそ候

ひしか。今の世には、学文してひとのそしりをや
ひしか。今の世には、学文してひとのそしりをや

め、ひとへに論義問答むねとせんとかまへられ候
め、ひとへに論義問答むねとせんとかまへられ候

ふにや。学問せば、いよいよ如来の御本意をしり、
ふにや。学問せば、いよいよ如来の御本意をしり、

悲願の広大のむねをも存知して、いやしからん身
悲願の広大のむねをも存知して、いやしからん身

にて往生はいかがなんどあやぶまんひとにも、本
にて往生はいかがなんどあやぶまんひとにも、本

願には善悪・浄穢なき趣をも説ききかせられ候は
願には善悪・浄穢なき趣をも説ききかせられ候は

ばこそ、学生のかひにても候はめ。たまたまなに
ばこそ、学生のかひにても候はめ。たまたまなに

こころもなく、本願に相応して念仏するひとをも、
こころもなく、本願に相応して念仏するひとをも、

学文してこそなんどいひおどさるること、法の魔
学文してこそなんどいひおどさるること、法の魔

障なり、仏の怨敵なり。みづから他力の信心かく
障なり、仏の怨敵なり。みづから他力の信心かく

るのみならず、あやまつて他を迷はさんとす。つ
るのみならず、あやまつて他を迷はさんとす。つ
つしんでおそるべし、先師の御こころにそむくこ
つしんでおそるべし、先師の御こころにそむくこ
とを。かねてあはれむべし、弥陀の本願にあらざ
とを。かねてあはれむべし、弥陀の本願にあらざ
ることを。
ることを。

主な参考文献

『歎異抄（文庫判）』（梯 實圓 解説　本願寺出版社）

『大きな字の歎異抄』（梯 實圓 解説　本願寺出版社）

『声に出して読みたい日本語　音読テキスト（3）　歎異抄』（齋藤 孝 編著　草思社）

『図解　歎異抄』（齋藤 孝 著　ウエッジ）

『新版　歎異抄　現代語訳付き　歎異抄』（千葉 乗隆 訳注　KADOKAWA）

齋藤 孝（さいとう・たかし）

1960年、静岡市生まれ。東京大学法学部卒。同大学院教育学研究科博士課程を経て、現在明治大学文学部教授。専門は、教育学、身体論、コミュニケーション論。『身体感覚を取り戻す』（NHK出版）で新潮学芸賞受賞。2001年に出した『声に出して読みたい日本語』（草思社）で毎日出版文化賞特別賞受賞。シリーズ260万部のベストセラーになり、日本語ブームをつくった。他にも、ベストセラー著書が多数あり、著書累計出版部数は1000万部を超える。

スタッフ

デザイン／やなぎさわけんいち

編集協力／堤 澄江（株式会社 FIX JAPAN）

伊藤 仁（Jin Publishing Inc.）

カバー装画　r 2（下川 恵・片山 明子）

読《よ》んで書《か》く 歎異抄《たんにしょう》 一日一文練習帖《いちにちいちぶんれんしゅうちょう》［前編《ぜんぺん》］

2024（令和6）年 6 月 10 日　初版第1刷発行
2024（令和6）年 7 月 17 日　初版第2刷発行

著　者　齋藤 孝
発行人　石井 悟
発行所　株式会社自由国民社
〒171-0033　東京都豊島区高田 3-10-11　電話 03-6233-0781（代表）　https://www.jiyu.co.jp/
造　本　JK
印刷所　大日本印刷株式会社
製本所　加藤製本株式会社

©2024 Printed in Japan
○造本には細心の注意を払っておりますが、万が一、本書にページの順序間違い・抜けなど物理的欠陥があった場合は、不良事実を確認後お取り替えいたします。小社までご連絡の上、本書をご返送ください。ただし、古書店等で購入・入手された商品の交換には一切応じません。
○本書の全部または一部の無断複製（コピー、スキャン、デジタル化等）・転訳載・引用を、著作権法上での例外を除き、禁じます。ウェブページ、ブログ等の電子メディアにおける無断転載等も同様です。これらの許諾については事前に小社までお問合せください。また、本書を代行業者等の第三者に依頼してスキャンやデジタル化することは、たとえ個人や家庭内での利用であっても一切認められませんのでご注意ください。
○本書の内容の正誤等の情報につきましては自由国民社ウェブサイト（https://www.jiyu.co.jp/）内でご覧いただけます。
○本書の内容の運用によっていかなる障害が生じても、著者、発行者、発行所のいずれも責任を負いかねます。また本書の内容に関する電話でのお問い合わせ、および本書の内容を超えたお問い合わせには応じられませんのであらかじめご了承ください。